Matemática para o Ensino Fundamental

Caderno de Atividades
6º ano
volume 1

Manoel Benedito Rodrigues

3ª Edição

São Paulo
2024

Digitação, Diagramação : Sueli Cardoso dos Santos - suly.santos@gmail.com
Elizabeth Miranda da Silva - elizabeth.ms2015@gmail.com

www.editorapolicarpo.com.br
contato: contato@editorapolicarpo.com.br

Dados Internacionais de Catalogação, na Publicação (CIP)

(Câmara Brasileira do Livro, SP, Brasil)

Rodrigues, Manoel Benedito.

Matémática / Manoel Benedito Rodrigues.
- São Paulo: Editora Policarpo, **3ª Ed. - 2024**
ISBN: 978-65-88667-33-0
1. Matemática 2. Ensino fundamental
I. Rodrigues, Manoel Benedito II. Título.

Índices para catálogo sistemático:

Todos os direitos reservados à:
EDITORA POLICARPO LTDA
Rua Dr. Rafael de Barros, 175 - Conj. 01
São Paulo - SP - CEP: 04003-041
Tel.: (11) 3288-0895 / 3284-8916

Índice

I	NÚMEROS ROMANOS	1

II	NÚMEROS NATURAIS ($\mathbb{N}$)	8

1 - Leitura dos números naturais..8
2 - Valor absoluto e valor relativo do algarismo no número.....................9
3 - Sucessor e antecessor..9
4 - Números consecutivos...9
5 - Adição de números naturais..15
6 - Subtração...20
7 - Expressões com parênteses, colchetes e chaves...............................25
8 - Relação entre a adição e a subtração..26
9 - Multiplicação de números naturais...32
10 - Divisor e múltiplo...33
11 - Divisão de números naturais..44
12 - Expressões com números naturais..47

III	POTENCIAÇÃO E RADICIAÇÃO EM $\mathbb{N}$	71

1 - Algumas generalizações...71
2 - Definições...72
3 - Expressões com potências...76
4 - Propriedades...79
5 - Radiciação em $\mathbb{N}$ (Introdução)...................................87

IV	NÚMEROS DECIMAIS	92

1 - Introdução...92
2 - Leitura do número decimal..93
3 - Operações com números decimais...96

EXERCÍCIOS DO ENEM..118

I. NÚMEROS ROMANOS

1 – Introdução

De acordo com desenhos encontrados em cavernas, acredita-se que os números, não como os representamos hoje, começaram a ser criados há 30 000 anos.

Os primitivos coletores e caçadores faziam marcas em ossos ou pedaços de madeiras para representar quantidades de animais abatidos. Quando deixaram de ser nômades e começaram a criar animais domesticados, aprimoraram o tipo de contagem, comparando, por exemplo, o número de ovelhas que levavam para pastar com pedrinhas colocadas dentro de um saquinho, para quando trouxessem as ovelhas de volta, verificar se ainda havia uma correspondência entre o número de ovelhas recolhidas com o número de pedrinhas no saquinho. Se não hovesse correspondência, saberiam quantas ficaram desgarradas. A partir dessas correspondências, devem ter criados primeiramente expressões orais para representar quantidades e em seguida símbolos para representá-las, que são os números (numerais) que foram evoluindo até chegar aos Indo-arábicos que temos hoje.

Os algarismos parecidos com os que temos hoje, foram desenvolvidos a partir do século V na Índia. Os hindus além de criarem um símbolo para indicar o número de elementos de um conjunto sem objetos, ou seja, o ZERO (0), símbolo inexistente nos sistemas da Grécia, Roma e Egito, criaram o sistema posicional decimal, que permitiu um notável avanço na matemática.

Na primeira metade do século IX um trabalho publicado pelo árabe Al-Kharuzmi, foi responsábel pela divulgação do sistema criado pelos hindus, entre os árabes.

Por volta de 1202 o matemático italiano Leonardo Fibonaci (Leonardo de Pisa), que havia aprendido quando jovem, com os árabes, muitas aplicações do sistema que veio da Índia, escreveu um livro que ajudou a difundir o sistema, agora chamado indo-arábico, na Europa.

A partir do século XV, na Europa, os algarismos tomaram as formas que usamos hoje

$$0, 1, 2, 3, 4, 5, 6, 7, 8, 9$$

2 – Números Romanos

Acredita-se que os números romanos tiveram origem, aproximadamente há 3000 AC, como indicam riscos encontrados, que eram usados nesta época para representar quantidades.

A partir da expanção do império romano 800 AC em diante, o sistema de numeração romano se espalhou pelo mundo. Os romanos usavam letras maiúscula para representar os números e não tinham um símbolo para representar o ZERO.

Atualmente os números romanos ainda aparecem em números de capítulos de livros, nomes de reis ou papas, mostradores de relógios, etc.

RAINHA ELIZABETH II   REI CHARLES III

REI LUÍS XV - FRANÇA

RELÓGIO

PAPA JOÃO PALO II   PAPA JOÃO XXIII

PAPA BENTO XVI

PORTA DE ALCALÁ - MADRID

O ARCO DA VICTÓRIA EM MADRID

É importante conhecer os números romanos, não só pelo valor histórico, mas pela lógica, de simples assimilação, da sua formação.

Os romanos usavam as letras I, V, X, L, C, D e M para representar números, seguindo certos critérios.

1) I = 1, V = 5, X = 10, L = 50, C = 100, D = 500 e M = 1000

2) Quando repetimos algumas dessas letras **duas** ou **três** vezes, obtemos respectivamente, o dobro e o triplo do valor original

   I = 1, II = 2, III = 3   X = 10, XX = 20, XXX = 30

   C = 100, CC = 200, CCC = 300   M = 1000, MM = 2000, MMM = 3000

   Apenas I, X, C, e M podem ser repetidas.

   Não escrevemos VV, nem LL nem DD. O motivo é óbvio.

3) Quando colocamos uma delas à direita de outra de maior valor, o número obtido é a soma do original com o colocado à direita.

   V = 5 ⇒ VI = 6, VII = 7, VIII = 8   X = 10 ⇒ XI = 11, XV = 15

   L = 50 ⇒ LI = 51, LV = 55, LX = 60, LXV = 65, LXXV = 75

   C = 100 ⇒ CI = 101, CL = 150, CLXXXVIII = 188

   D = 500 ⇒ DI = 501, DCLXV = 665, MDCLXVI = 1666

   (MDCLXVI = 1000 + 500 + 100 + 50 + 10 + 5 + 1 = 1666)

4) Quando algumas delas são colocados à esquerda de outra de maior valor, o número obtido é igual a diferença entre o original e o colocado à esquerda.

   O **I** pode ser colocado apenas à esquerda do **V** e do **X**

   V = 5 ⇒ IV = 4,   X = 10 ⇒ IX = 9

   O **X** pode ser colocado **apenas** à esquerda do **L** e do **C**

   L = 50 ⇒ XL = 40   C = 100 ⇒ XC = 90

   O **C** pode ser colocado apenas à esquerda do **D** e do **M**

   D = 500 ⇒ CD = 400   M = 1000 ⇒ CM = 900

   Apenas I, X e C podem ser colocados à esquerda de algumas letras.

   Não escremos VX, **nem** VL, **nem** IL, **nem** LC, **nem** LD, **nem** IM

5) Colocamos uma barra horizontal sobre o número romano para multiplicá-lo por 1000

   $\overline{IV}$ = 4 000, $\overline{V}$ = 5 000, $\overline{XVI}$ = 16 000, $\overline{\overline{V}}$ = 5 000 000,

1 Representar por numerais indo-arábicos os números representados pelos numerais romanos seguintes:

a) V =	VI =	X =	XII =
b) XV =	XVI =	L =	LI =
c) LV =	LX =	CI =	CV =
d) CX =	CL =	CLX =	CLXV =
e) DI =	DII =	DV =	DVI =
f) DX =	DXI =	DL =	DLI =
g) DLV =	DLX =	DLXV =	DLXVI =
h) DC =	DCL =	DCLX =	DCLXV =
i) M =	MM =	MI =	MV =
j) MX =	ML =	MC =	MD =
k) MDI =	MDV =	MDX =	MDL =
l) MDLI =	MDLV =	MDCC =	MDCLXVI =

2 Representar por indo-arábicos os seguintes romamos:

a) V =	IV =	X =	IX =
b) L =	XL =	C =	XC =
c) D =	CD =	M =	CM =
d) XLI =	XLII =	XLV =	XLIV =
e) XLIX =	XCI =	XCV =	XCIV =
f) XCIX =	D =	CD =	CDL =
g) CDXL =	CDXC =	CDXLIV =	CDXCIX =
h) M =	CM =	CMV =	CMIV =
i) CML =	CMXLIX =	CMXCIX =	CMLXXXIV =

3 Escrever usando indo-arábicos:

a) XLIX =	LXXXIV =	CCCXXXIII =
b) DCCCXXIX =	CDXLIX =	DCCXLIV =
c) CDXCIX =	DCCCLXXXIII =	CDIV =
d) DCIX =	DCXLIV =	MDCXLIX =
e) MDCCXLIV =	XCIX =	MXCIX =
f) DXCIX =	DCXCIX =	DCCXLIX =
g) MXXIV =	MMXLVIII =	CCLVI =
h) MCDXC =	MMDCCXLIV =	MCMXII =
i) MCMXCIX =	MCMXLVIII =	MCDXCVIII =
j) MMXVI =	MD =	MDCCCLXXXIII =

4 Escrever usando numerais romanos os números seguintes:

a) 69 =	74 =	98 =
b) 99 =	44 =	114 =
c) 139 =	149 =	234 =
d) 244 =	328 =	343 =
e) 398 =	449 =	489 =
f) 494 =	576 =	589 =
g) 593 =	647 =	699 =
h) 741 =	792 =	845 =
i) 889 =	891 =	944 =
j) 989 =	998 =	1936 =
k) 2015 =	2049 =	1884 =

5 Em cada caso temos o ano de publicação em livro e o número de capítulos de algumas obras de Machado de Assis. Escrever em romanos, o ano da publicação e os números correspondentes aos números dos 4 últimos capítulos do livro.

a) **Ressurreição** publicado em 1872, com 24 capítulos.

b) **A mão e a luva** publicado em 1874, com 19 capítulos.

c) **Helena** publicado em 1876, com 28 capítulos.

d) **Iaiá Garcia** publicado em 1878, com 17 capítulos.

e) **Memórias póstumas de Brás Cubas** publicado em 1881, com 160 capítulos.

f) **Quincas Borba** publicado em 1891, com 201 capítulos.

g) **Dom Casmurro** publicado em 1899 (Brasil em 1900), com 148 capítulos.

h) **Esaú e Jacó** publicado em 1904, com 121 capítulos.

6 Em cada caso temos alguns vultos da literatura. Escrever em romanos os anos do nascimento e morte desses escritores.

a) José de Alencar (1829 – 1877).

b) Machado de Assis (1839 – 1908).

c) Aluísio de Azevedo (1857 – 1913).

d) Cecília Meireles (1901 – 1964).

e) Drummond de Andrade (1902 – 1987).

f) Erico Veríssimo (1905 – 1975).

g) Guimarães Rosa (1908 – 1967).

h) Rachel de Queiroz (1910 – 2003).

i) Jorge Amado (1912 – 2001).

j) João Cabral de Melo Neto (1920 – 1999).

7 Vultos da literatura. Escrever as duas datas em romanos.

a) Ariano Suassuna (1927 – 2014)

b) Hilda Hilst (1930 – 2004)

c) João Ubaldo Ribeiro (1941 – 2014)

d) Eça de Queirós (1845 – 1900)

e) Fernando Pessoa (1888 – 1935)

f) José Saramago (1922 – 2010)

g) Miguel de Cervantes (1547 – 1616)

h) William Shakespeare (1564 – 1616)

i) Charles Dickens (1812 – 1870)

j) James Joyce (1882 – 1941)

k) John Steinbeck (1902 – 1968)

8 Transformar em indo-arábicos, efetuar e dar o resultado em romanos.

a) MCDXC – MCCXL

b) CMLXXXIX – DCCCXCIV

c) CD XLIV – CXCIX

d) CCCXLIX – XCVIII

e) DCXLV – CDXCIII

f) MCDLXXXIV – CMXCIV

g) MMDCLXXXIII – MCDXCVII

h) MMMCXIV – MCDXLVIII

Resp: **1** a) 5; 6; 10; 12   b) 15; 16; 50; 51   c) 55; 60; 101;105   d) 110; 150; 160; 165   e) 501; 502; 505; 506
f) 510; 511; 550; 551   g) 555; 560; 565; 566   h) 600; 650; 660; 665   i) 1000; 2000; 1001; 1005   j) 1010; 1050; 1100; 1500
k) 1501; 1505; 1510; 1550   l) 1551; 1555; 1700; 1666   **2** a) 5; 4; 10; 9   b) 50; 40; 100; 90
c) 500; 400; 1000; 900   d) 41; 42; 45; 44   e) 49; 91; 95; 94   f) 99; 500; 400; 450   g) 440; 490; 444; 499
h) 1000; 900; 905; 904   i) 950; 949; 999; 984   **3** a) 49; 84; 333   b) 829; 449; 744   c) 499; 883; 404
d) 609; 644; 1649   e) 1744; 99; 1099   f) 599; 699; 749;   g) 1024; 2048; 256   h) 1490; 2744; 1912
i) 1999; 1948; 1498   j) 2016; 1500; 1883   **4** a) LXIX; LXXIV; XCVIII   b) XCIX; XLIV; CXIV
c) CXXXIX; CXLIX; CCXXXIV   d) CCXLIV; CCCXXXVIII; CCCXLIII   e) CCCXCVIII; CDXLIX; CDLXXXIX
f) CDXCIV; DLXXVI; DLXXXIX   g) DXCIII; DCXLVII; DCXCIX   h) DCCXLI; DCCXCII; DCCCXLV
i) DCCCLXXXIX; DCCCXCI; CMXLIV   j) CMLXXXIX; CMXCVIII; MCMXXXVI   k) MMXV; MMXLIX; MDXXXLXXXIV

7

II NÚMEROS NATURAIS ($\mathbb{N}$)

Da necessidade de expressar certas relações entre conjuntos, surgiram os números naturais e os numerais que os representam.

Os números que vamos estudar agora são os números naturais. São eles:

0, 1, 2, 3, 4, 5, 6, 7, 8, 9, 10, 11, 12, ..., 100, 101,...

Conjunto dos números naturais: $\mathbb{N} = \{0, 1, 2, ..., 10, 11, ...\}$

Há infinitos números naturais.

O conjunto {1, 2, 3, ...} é chamado conjunto dos números naturais positivos ou conjunto dos naturais não nulos. Notação $\mathbb{N}^*$

$\mathbb{N}^* = \mathbb{N} - \{0\} \Rightarrow \mathbb{N}^* = \{1, 2, 3, 4, ...\}$

Com os algarismos 0, 1, 2, 3, 4, 5, 6, 7, 8, 9 escrevemos qualquer número natural. O modo que usaremos para representar um número natural chama-se **sistema decimal**. Indicamos quantidades de unidades, de dezenas (10), de centenas (100), de milhares (1000), etc.

Uma quantidade de 2 centenas, mas 5 dezenas, mais 7 unidades indicamos por 257

257 = 2(100) + 5(10) + 7 = 200 + 50 + 7

A posição do algarismo no número, indica quantas unidades simples, quantas dezenas, quantas centenas, etc, o número contém.

5643 contém 5 milhares, 6 centenas, 4 dezenas e 3 unidades.
Leitura de 5643: Cinco mil e seiscentos e quarenta e três
Introduzimos o conceito de classes e ordem para facilitar o entendimento

...	3ª Classe			2ª Classe			1ª Classe		
...	Milhões			Milhares			Unidades		
...	9ª ordem	8ª ordem	7ª ordem	6ª ordem	5ª ordem	4ª ordem	3ª ordem	2ª ordem	1ª ordem
...	centena de milhões	dezena de milhões	unidades de milhões	centenas de milhar	dezenas de milhar	unidades de milhar	centenas (de unidades)	dezenas (de unidades)	unidades

1 – Leitura dos números naturais:

8 = oito,   18 = dezoito,   28 = vinte e oito,   38 = trinta e oito

80 = oitenta,   89 = oitenta e nove,   98 = novente e oito,   200 = duzentos.

17 = dezessete,   17 000 = dezessete mil,   568 = quinhentos e sessenta e oito

568 000 = quinhentos e sessenta e oito mil,   8 000 000 = oito milhões

50 = cinquenta,   14 quatorze (ou catorze),   514 = quinhemos e quatorze

17 342 568 = dezessete milhões, trezentos e quarenta e dois mil e quinhentos e sessenta e oito.

Obs.: Não é necessário, mas às vezes damos um pequeno espaço entre as classes para facilitar a visualização e a leitura.

92487514 = 92 487 514

2 – Valor absoluto e valor relativo do algarismo no número

O valor relativo do algarismo depende da posição que ele ocupa no número e o valor absoluto não depende da posição. V. A.(valor absoluto) e V.R. (valor relativo).

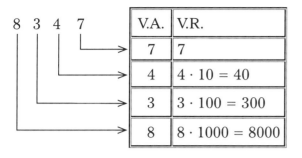
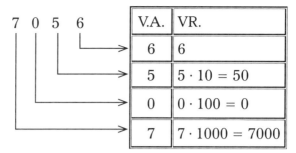

Os naturais na reta numérica

0 1 2 3 4 5 6 7 8 9 10 11 12 13

Obs.: Há números à esquerda do 0, mas não são naturais.

Há números entre 0 e 1, 1 e 2, 2 e 3, etc, mas não são naturais.

Esses números serão estudados posteriormente.

3 – Sucessor e antecessor

Sucessor de um número natural é o número que se obtém somando 1 a ele.
Antecessor é o que se obtém subtraindo 1 dele.

Exemplos:

Antecessor de 25 é 24.   Sucessor de 36 é 37.
Sucessor de 0 é 1.   O 0 não tem antecessor natural.

Pares e ímpares

Conjunto dos números naturais pares: {0, 2, 4, 6, 8, 10, 12, 14, ...}
Conjunto dos números naturais ímpares: {1, 3, 5, 7, 9, 11, 13, 15, ...}

4 – Números consecutivos

Um número e seu sucessor (ou sucessores).

Exemplos:

1) 5 e 6 são dois números consecutivos, 20, 21 e 22 são três números consecutivos.

2) 13 e 15 são dois números ímpares consecutivos.

3) 114 e 116 são dois números pares consecutivos.

4) 21, 23, 25 e 27 são quatro números ímpares consecutivos.

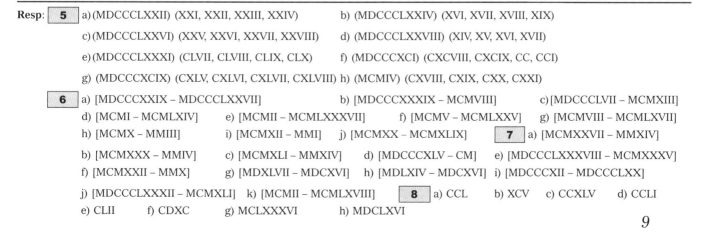

9 Escrever, por extenso, os seguintes números:

a) 9 =   90 =   300 =

b) 190 =   550 =

c) 3 657 =

d) 23 414 =

e) 3 204 521 =

f) 14 251 660 =

g) 5 760 650 614 =

10 Escrever com algarismos indo-arábicos:

a) três =   b) onze =   c) treze =

d) catorze =   e) dezessete =   f) cinquenta e três =

g) seiscentos e sessenta =   h) quinhentos e quatorze =

i) trezentos e seis =   j) mil trezentos e sete =

k) um mil e quatorze =   l) dois mil e cinquenta e seis =

m) quatro mil e catorze =   n) seiscentos e cinquenta mil =

o) seiscentos mil e cinquenta =   p) quatrocentos e catorze mil =

q) cinco milhões, seiscentos mil e cinquenta =

r) quatorze milhões, seiscentos e seis mil e quatro =

s) sete milhões, quatorze mil e cinquenta =

t) duzentos e catorze mil e seiscentos e quatorze =

11 Completar com o valor absoluto (V.A.) e valor relativo (V.R.) dos algarísmos dos números dados, nos casos:

a) 3 2 5 8

V.A.	VR.

b) 7 2 0 3 5

V.A.	VR.

12 Representar como uma soma de unidades, dezenas, centenas, etc, o número dado, nos casos:

a) 728 =

b) 3 842 =

c) 53 089 =

d) 604 086 =

e) 78 424 =

13 Determinar os seguintes números:

a) 7 (100) + 8(10) + 1 =

b) 1(100) + 7(10) + 4 =

c) 9 (100) + 3 (10) =

d) 4(100) + 9 =

e) 1(100) + 3 (10) + 9 =

f) 100 + 10 + 1 =

g) 4 (1000) + 7(100) + 10 (8) + 9 =

h) 3 (10 000) + 8 (1000) + 1(100) + 5 (10) + 5 =

i) 7 (10 000) + 3(100) + 4 (10) + 3 =

j) 6 (100 000) + 9 (1000) + 3 (100) + 4 =

14 Determinar o número **n** que é igual a quantidade dada, nos casos:

a) Duas dezenas, mais três unidades.

b) Três dezenas de milhares, mais oito centenas, mais sete unidades.

c) Duas centenas de milhares, mais nove dezenas de milhares, mais sete unidades de milhares, mais oito centenas, mais três dezenas, mais duas unidades.

d) Oito centenas de milhares, mais duas dezenas de milhares, mais três centenas, mais uma dezena, mais quatro unidades.

e) Sete dezenas de milhões, mais três centenas de milhares, mais quatro unidades de milhares, mais sete centenas, mais sete unidades.

15 Determinar os números de dois algarismos que podemos formar com os algarismos dados, nos casos:

a) 5 e 7

b) 8

c) 0 e 6

d) 0, 3 e 4

e) 1, 2 e 3

f) 0, 2, 4, 6

16 Completar com < (é menor que) ou > (é maior que), de modo que a senteça obtida seja verdadeira.

a) 27 ____ 31

b) 48 ____ 56

c) 68 ____ 86

d) 1240 ____ 124

e) 1023 ____ 1203

f) 421 ____ 409

g) 9482 ____ 2849

h) 341 ____ 431

17 Utilizando o símbolo < (é menor que), escrever em ordem crescente os números dados, nos casos:

a) 16, 13, 31, 43, 23 e 12

b) 29, 12, 113, 41, 34 e 8

c) 132, 213, 123, 209, 391

d) 492, 346, 117, 532 e 351

18 Usando o símbolo > (é maior que), escrever em ordem decrescente os números dados:

a) 13, 23, 19, 41, 43 e 17

b) 31, 71, 17, 61, 53 e 57

c) 132, 191, 157, 171, 175

d) 302, 310, 127, 341 e 197

19 Escrever o sucessor do número dado, nos casos:

a) 48

b) 99

c) 341

d) 1200

20 Escrever o antecessor do número dado, nos casos:

a) 89

b) 101

c) 400

d) 1000

e) 3300

f) 4000

g) 997

h) 10000

21 Escrever 3 números consecutivos, nos casos:

a) O menor deles é 13.

b) O maior deles é 348

c) O do meio é 45.

d) O menor deles é 339

e) O maior deles é 501.

f) O menor deles é 509.

22 Escrever 3 números pares consecutivos, nos casos:

a) O menor deles é 28.

b) O maior deles e 122.

c) O do meio é 54.

d) O menor deles é 498.

e) O maior deles e 198

f) O maior deles é 10002.

23 Escrever 3 números ímpares consecutivos, nos casos:

a) O menor deles é 45.

b) O maior deles é 117.

c) O do meio é 139.

d) O menor deles é 597.

e) O maior deles é 301.

f) O menor deles é 1009.

24 Resolver:

a) Qual o menor número natural par de 2 algarismos?

b) Qual é maior número par de 2 algarismos?

c) Qual é o menor natural par de 3 algarismos?

d) Qual é o maior número ímpar de 2 algarismos?

e) Qual é o menor natural ímpar de 3 algarismos?

f) Qual é o maior ímpar de 3 algarismos?

Resp: **9** a) nove; noventa; trezentos.   b) cento e noventa; quinhentos e cinquenta.   c) três mil e seiscentos e cinquenta e sete.
d) vinte e três mil e quatrocentos e quatorze (ou catorze).   e) três milhões, duzentos e quatro mil e quinhentos e vinte e um.
f) quatorze (catorze) milhões, duzentos e cinquenta e um mil e seiscentos e sessenta.
g) cinco bilhões, setecentos e sessenta milhões, seiscentos e cinquenta mil e seiscentos e quatorze (ou catorze).

10 a) 3   b) 11   c) 13   d) 14   e) 17   f) 53   g) 660   h) 514   i) 306   j) 1307   k) 1014
l) 2056   m) 4014   n) 650 000   o) 600 050   p) 414 000   q) 5600 050   r) 14606 004   s) 7014050   t) 214 614

11 a) 8 e 8, 5 e 50, 2 e 200, 3 e 3000   b) 5 e 5, 3 e 30, 0 e 0, 2 e 2000, 7 e 70000   **12** a) $7 \cdot (100) + 2 \cdot (10) + 8$
b) $3 \cdot (1000) + 8 \cdot (100) + 4 (10) + 2$ c) $5 (10\,000) + 3(1000) + 0 (100) + 8 (10) + 9$
d) $6 (100\,000) + 0 (10\,000) + 4 (1000) + 0 (100) + 8 (10) + 6$ e) $7 (10\,000) + 8 (1000) + 4 (100) + 2 (10) + 4$

13 a) 781   b) 174   c) 930   d) 409   e) 139   f) 111   g) 4789   h) 38155   i) 70343   j) 609304

14 a) 23   b) 30807   c) 297 832   d) 820 314   e) 70304707

25 Resolver:

a) Qual é o sucesssor do maior número par de 3 algarismos?

b) Qual é o antecessor do menor número natural par de 2 algarismos?

c) Qual é o sucessor do maior número ímpar de 4 algarismos?

d) Qual é o antecessor do menor número natural ímpar de 3 algarismos?

e) Qual é o sucessor par do menor número natural par de 4 algarismos?

f) Qual é o antecessor ímpar do maior número par de 3 algarismos?

26 Se **n** é um número natural maior que zero, determinar:

a) O seu sucessor.

b) O seu antecessor.

c) O sucessor de n + 7.

d) O sucessor de n + 15.

e) O antecessor de n + 3.

f) O antecessor de n + 13.

27 Se **n** é um número natural ímpar maior que 20, determinar:

a) O sucessor ímpar de n.

b) O antecessor ímpar de n.

c) O sucessor ímpar de n + 6.

d) O antecessor ímpar de n + 4.

e) O sucessor ímpar de n + 8.

f) O antecessor ímpar de n + 16.

g) O sucessor par de n + 1.

h) O antecessor par de n + 7.

i) O sucessor par de n + 17.

j) O antecessor par de n + 17.

28 Se **n** é um número natural par maior que 10, determinar:

a) O sucessor par de n.

b) O antecessor par de n.

c) O sucessor par de n + 12.

d) O antecessor par de n + 10.

e) O sucessor ímpar de n + 3.

f) O antecessor ímpar de n + 11.

g) O sucessor ímpar de n + 7.

h) O antecessor ímpar de n + 13.

5 – Adição de números naturais

Observe que: $5 + 2 = 7$ $20 + 15 = 35$

  parcelas — soma   parcelas — soma

Quando **adicionamos** (ou somamos) dois ou mais números, o resultado obtido é chamado soma.
Para a adição de números naturais temos as seguintes propriedades:

Sendo **a**, **b** e **c** números naturais, $\{a, b, c\} \subset \mathbb{N}$, temos:

1) Propriedade do fechamento

$(a + b) \in \mathbb{N}$ A soma de dois números naturais é um número natural.

Exemplo: $\{1, 2, 3, 4\} \subset \mathbb{N} \Rightarrow 1+2=3 \in \mathbb{N}, 3+4=7 \in \mathbb{N}, 1+4=5 \in \mathbb{N}$

2) Propriedade comutativa

$a + b = b + a$ A ordem das parcelas não altera a soma.

Exemplo: $7 + 2 = 9$ e $2 + 7 = 9 \Rightarrow 7 + 2 = 2 + 7$

3) Propriedade associativa

$a + (b + c) = (a + b) + c$ Na adição de 3 ou mais parcelas, a escolha de quais parcelas serão somadas primeiro, não altera o resultado.

$a + b + c = a + (b + c) = (a + b) + c = (a + c) + b$

Exemplo: $2 + 3 + 4 = 2 + (3 + 4) = 2 + 7 = 9$

$2 + 3 + 4 = (2 + 3) + 4 = 5 + 4 = 9$

$2 + 3 + 4 = (2 + 4) + 3 = 6 + 3 = 9$

4) Elemento neutro (O **0** é o elemento neutro para a adição).

$a + 0 = 0 + a = a$

Exemplo: $7 + 0 = 0 + 7 = 7$, $8 + 0 = 0 + 8 = 8$, $17 + 0 = 0 + 17 = 17$

Obs.: 1) A soma de um número **par** com um **ímpar** é sempre **ímpar**:

$2 + 1 = 3$, $3 + 2 = 5$, $7 + 4 = 11$, $12 + 11 = 23$

2) A soma de dois números **pares** é sempre um número **par**:

$2 + 2 = 4$, $4 + 2 = 6$, $4 + 6 = 10$, $12 + 14 = 26$

3) A soma de dois números **ímpares** é sempre um numero **par**:

$3 + 1 = 4$, $5 + 1 = 6$, $5 + 3 = 8$, $5 + 5 = 10$, $7 + 7 = 14$

Resp: **15** a) 55, 57, 75 e 77   b) 88   c) 60 e 66   d) 30, 33, 34, 40, 43 e 44   e) 11, 12, 13, 21, 22, 23, 31, 32, 33
f) 20, 22, 24, 26, 40, 42, 44, 46, 60, 62, 64, 66   **16** a) <   b) <   c) <   d) >   e) <   f) >   g) >   h) <
17 a) 12 < 13 < 16 < 23 < 31   b) 8 < 12 < 29 < 34 < 41 < 113   c) 123 < 132 < 209 < 213 < 391
d) 117 < 346 < 351 < 492 < 532   **18** a) 43 > 41 > 23 > 19 > 17 > 13 b) 71 > 61 > 57 > 53 > 31 > 17
c) 191 > 175 > 171 > 157 > 132 d) 341 > 310 > 302 > 197 > 127   **19** a) 49   b) 100   c) 342   d) 1201
20 a) 88   b) 100   c) 399   d) 999   e) 3299   f) 3999   g) 996   h) 9999   **21** a) 13, 14, 15   b) 346, 347, 348
c) 44, 45, 46   d) 339, 340, 341   e) 499, 500, 501   f) 509, 510, 511   **22** a) 28, 30, 32   b) 118, 120, 122
c) 52, 54, 56   d) 498, 500, 502   e) 194, 196, 198   f) 9998, 10000, 10002   **23** a) 45, 47, 49   b) 113, 115, 117
c) 137, 139, 141   d) 597, 599, 601   e) 297, 299, 301   f) 1009, 1011, 1013   **24** a) 10   b) 98   c) 100   d) 99   e) 101   f) 999

Para somarmos dois ou mais números, somamos os algarismos das ordens correspondentes, começando da primeira (da direita para a esquerda). Temos dois casos:

I) Quando a soma dos algarismos das ordens correspondentes são menores que 10.

A soma dos números terá as mesmas ordens das parcelas e cada ordem da soma será igual à soma dos algarismos das ordens correspondentes.

Exemplos:

1) $23 + 14 = 20 + 3 + 10 + 4 = 20 + 10 + 3 + 4 = 30 + 7 = 37$

2) $125 + 634 = 100 + 20 + 5 + 600 + 30 + 4 = 700 + 50 + 9 = 759$

Dispositivo prático:

	3º Classe			2º Classe			1º Classe		
...	milhões			milhares			Unidades		
...	C	D	U	C	D	U	C	D	U
Ordens	9ª	8ª	7ª	6ª	5ª	4ª	3ª	2ª	1ª

II) Quando a soma dos algarismos de duas ordens correspondentes é maior ou igual a 10 e menor que 20, deixamos o que excede 10 nesta ordem e somamos 1 na próxima ordem (ordem da esquerda). Quando a soma for maior ou igual a 20 e menor que 30, somamos 2 ao algarismo da ordem da esquerda, e assim por diante.

Exemplos:

$56 + 28 = 50 + 6 + 20 + 8 = 50 + 20 + 6 + 8 = 50 + 20 + 14 = 50 + 20 + 10 + 4 = 84$

Dispositivo prático:

Obs.: Para fazer as adições, e mais adiante as subtrações, com desenvoltura necessária, devemos obter o resultado, mentalmente, de todos as somas dos algarismos 0, 1, 2, ..., 9, tomados dois a dois. Estes somas vão de 0 a 18. Todas as outras dependem dessas.

29 Determinar as seguintes somas:

a) $2 + 1 =$	$3 + 1 =$	$4 + 1 =$	$6 + 1 =$	$7 + 1 =$	$9 + 1 =$
b) $1 + 2 =$	$2 + 2 =$	$3 + 2 =$	$4 + 2 =$	$5 + 2 =$	$6 + 2 =$
c) $7 + 2 =$	$8 + 2 =$	$1 + 3 =$	$2 + 3 =$	$4 + 3 =$	$5 + 3 =$
d) $6 + 3 =$	$7 + 3 =$	$1 + 4 =$	$2 + 4 =$	$3 + 4 =$	$4 + 4 =$
e) $5 + 4 =$	$6 + 4 =$	$1 + 5 =$	$2 + 5 =$	$3 + 5 =$	$4 + 5 =$
f) $5 + 5 =$	$1 + 6 =$	$2 + 6 =$	$3 + 6 =$	$4 + 6 =$	$1 + 7 =$

30 Determinar as seguintes somas:

a) 2 + 3 =	3 + 3 =	4 + 3 =	3 + 4 =	5 + 2 =	5 + 3 =
b) 6 + 3 =	7 + 3 =	2 + 4 =	4 + 2 =	5 + 4 =	4 + 5 =
c) 4 + 4 =	6 + 4 =	4 + 6 =	2 + 5 =	3 + 5 =	2 + 6 =
d) 6 + 2 =	3 + 7 =	7 + 3 =	3 + 6 =	5 + 5 =	2 + 8 =
e) 3 + 3 =	30 + 30 =	4 + 2 =	40 + 20 =	5 + 4 =	50 + 40 =
f) 6 + 4 =	60 + 40 =	7 + 3 =	70 + 30 =	5 + 3 =	50 + 30 =

31 Determinar as seguintes somas:

a) 5 + 2 =	2 + 5 =	3 + 4 =	4 + 3 =	6 + 2 =	2 + 6 =
b) 4 + 4 =	5 + 3 =	3 + 5 =	7 + 2 =	2 + 7 =	6 + 3 =
c) 3 + 6 =	5 + 4 =	4 + 5 =	5 + 5 =	8 + 2 =	2 + 8 =
d) 7 + 3 =	3 + 0 =	6 + 4 =	0 + 6 =	7 + 3 =	3 + 7 =

32 Completar com a parcela que falta, para obter a soma dada, nos casos.

a) 4 + ___ = 7	6 + ___ = 8	5 + ___ = 10	6 + ___ = 7	6 + ___ = 9
b) 5 + ___ = 8	3 + ___ = 7	3 + ___ = 8	4 + ___ = 8	5 + ___ = 9
c) 7 + ___ = 10	6 + ___ = 10	2 + ___ = 9	4 + ___ = 9	3 + ___ = 6
d) ___ + 7 = 9	___ + 2 = 8	___ + 4 = 9	___ + 3 = 10	___ + 4 = 7
e) ___ + 2 = 8	___ + 3 = 7	___ + 2 = 10	___ + 5 = 9	___ + 5 = 8
f) 10 = 3 + ___	9 = 6 + ___	10 = 6 + ___	7 = 4 + ___	8 = 5 + ___
g) 10 = ___ + 8	7 = ___ + 2	8 = ___ + 8	10 = ___ + 4	9 = ___ + 5
h) 30 + ___ = 50	40 + ___ = 70	70 + ___ = 100	40 + ___ = 80	60 + ___ = 90
i) 100 = 60 + ___	90 = 40 + ___	80 = ___ + 30	70 = ___ + 50	100 = ___ + 30

Resp: **25** a) 999 b) 9 c) 10 000 d) 100 e) 1002 f) 997 **26** a) n + 1 b) n − 1 c) n + 8 d) n + 16 e) n + 2 f) n + 12 **27** a) n + 2 b) n − 2 c) n + 8 d) n + 2 e) n + 10 f) n + 14 g) n + 3 h) n + 5 i) n + 19 j) n + 15 **28** a) n + 2 b) n − 2 c) n + 14 d) n + 8 e) n + 5 f) n + 9 g) n + 9 h) n + 11

17

33 Determinar as seguintes somas:

a) 7 + 7 =	8 + 8 =	9 + 9 =	8 + 3 =	8 + 4 =
b) 8 + 5 =	8 + 6 =	8 + 7 =	9 + 2 =	9 + 3 =
c) 9 + 4 =	9 + 5 =	9 + 6 =	7 + 4 =	7 + 5 =
d) 7 + 6 =	7 + 8 =	6 + 5 =	6 + 6 =	6 + 7 =
e) 6 + 8 =	6 + 9 =	5 + 6 =	5 + 7 =	5 + 8 =
f) 5 + 9 =	4 + 7 =	4 + 8 =	4 + 9 =	3 + 8 =
g) 9 + 7 =	9 + 8 =	7 + 9 =	8 + 9 =	9 + 9 =

34 Completar com a parcela que falta, para obter a soma dada, nos casos:

a) 5 + ___ = 11	8 + ___ = 14	7 + ___ = 13	8 + ___ = 16	8 + ___ = 15
b) 6 + ___ = 12	5 + ___ = 12	8 + ___ = 12	6 + ___ = 13	7 + ___ = 11
c) 9 + ___ = 14	8 + ___ = 13	6 + ___ = 14	5 + ___ = 13	9 + ___ = 13
d) 8 + ___ = 17	3 + ___ = 12	9 + ___ = 15	8 + ___ = 11	4 + ___ = 12
e) 9 + ___ = 16	9 + ___ = 17	2 + ___ = 11	7 + ___ = 15	7 + ___ = 16

35 Escolhendo para somar, primeiramente, duas parcelas que achar mais conveniente, efetuar mentalmente e escrever a soma das seguintes adições:

a) 6 + 4 + 7 =	60 + 40 + 70 =	7 + 3 + 6 =
b) 8 + 2 + 9 =	80 + 20 + 90 =	8 + 6 + 4 =
c) 9 + 7 + 3 =	80 + 60 + 40 =	900 + 700 + 300 =
d) 8 + 9 + 2 =	3 + 8 + 7 =	30 + 80 + 70 =
e) 8 + 7 + 8 =	9 + 6 + 7 =	80 + 70 + 80 =
f) 90 + 60 + 70 =	7 + 8 + 9 =	9 + 5 + 6 =
g) 3 + 8 + 9 =	5 + 7 + 8 =	7 + 6 + 8 =
h) 4 + 9 + 8 =	7 + 7 + 9 =	6 + 8 + 9 =

36 Efetuar as seguintes adições:

a) 248
   $+731$

b) 3425
   $+2563$

c) 7342
   $+635$

d) 2468
   $+7531$

e) 1234
   $+8765$

f) 5308
   $+4071$

g) 5472
   $+7506$

h) 4563
   $+3705$

i) 4325
   $+9967$

j) 9876
   $+6789$

k) 4978
   $+8049 7$

l) 3786
   $+6214$

m) 3457
   $+9898$
   896

n) 9786
   $+8769$
   890

o) $5948 7$
   $+9999$
   8979

p) 847 + 69

q) 549 + 6789

r) 9045 + 10899

s) 4809 + 7918

t) 3741 + 88995

u) 9457 + 8752

Resp: **29** a) 3; 4; 5; 7; 8; 10   b) 3; 4; 5; 6; 7; 8   c) 9; 10; 4; 5; 7; 8   d) 9; 10; 5; 6; 7; 8   e) 9; 10; 6; 7; 8; 9   f) 10; 7; 8; 9; 10; 8

30 a) 5; 6; 7; 7; 7;8   b) 9; 10; 6; 6; 9; 9   c) 8; 10; 10; 7; 8; 8   d) 8; 10; 10; 9; 10; 10   e) 6; 60; 6; 60; 9; 90

f) 10; 100; 10; 100; 8; 80   **31** a) 7; 7; 7; 7; 8; 8   b) 8; 8; 8; 9; 9; 9   c) 9; 9; 9; 10; 10; 10;

d) 10; 3; 10; 6; 10; 10   **32** a) 3; 2; 5; 1; 3   b) 3; 4; 5; 4; 4;   c) 3; 4; 7; 5; 3   d) 2; 6; 5; 7; 3

e) 6; 4; 8; 4; 3   f) 7; 3; 4; 3; 3   g) 2; 5; 0; 6; 4   h) 20; 30; 30; 40; 30   i) 40; 50; 50; 20; 70

6 – Subtração

A subtração de dois números é indicada pelo sinal menos (–).

Subtrair (tirar) um número **b** de um número **a**, significa determinar um número **c** tal que b + c seja igual a **a**.

$$a - b = c \Leftrightarrow b + c = a$$

Nomenclatura:

a – b = c

minuendo subtraendo diferença(ou resto)

Exemplos: 1) 25 – 5 = 20   Note que 20 + 5 = 25

2) 300 – 50 = 250   Note que 250 + 50 = 300

No conjunto dos números naturais $\mathbb{N}$, a subtração a – b somente é possível, se a for maior ou igual a **b** (a ⩾ b).

7 – 4 = 3 e 3 ∈ $\mathbb{N}$ 4 – 7 = – 3 e – 3 ∉ $\mathbb{N}$

Para determinarmos a diferença entre dois números naturais, com minuendo maior que o subtraendo, vamos subtrair de cada algarismo do minuendo, o algarismo da ordem correspondente do subtraendo, começando da 1ª ordem (da direita para a esquerda). Vamos considerar 2 casos:

I) Cada algarismo do minuendo é maior ou igual ao de ordem correspondente do subtraendo.

Neste caso a diferença será o número onde cada algarismo é igual à diferença entre os algarismos de ordens correspondentes, dos números dados.

Exemplo:

$$57 - 34 = 50 + 7 - (30 + 4)$$
$$= 50 - 30 + 7 - 4$$
$$= 20 + 3 = 23$$

Dispositivo prático

$$\begin{array}{r} 57 \\ -34 \\ \hline \end{array}$$
$$(5-3) \to 23 \leftarrow (7-4)$$

II) Quando um algarismo do minuendo for menor que o correspondente, do subtraendo, por exemplo, o das unidades, tomamos " emprestado" do minuendo uma dezena, somamos 10 com a unidade e efetuamos a subtração.

Exemplo:

$$57 - 39 = 50 + 7 - (30 + 9)$$
$$= 40 + 10 + 7 - (30 + 9)$$
$$= 40 + 17 - (30 + 9)$$
$$= 40 - 30 + 17 - 9$$
$$= 10 + 8$$
$$= 18$$

Dispositivo prático:

$$\begin{array}{r} 57 \\ -39 \\ \hline \end{array} \Rightarrow \begin{array}{|r|} \hline 4_1 7 \\ 3\ 9 \\ \hline 18 \\ \hline \end{array}$$

Não é usual reescrevermos desta forma.

$$\begin{array}{r} 5_1 7 \\ 3\ 9 \\ \hline \end{array}$$
$$\underline{4-3} \to 18 \leftarrow 17-9$$
$$5-4$$

37 Determinar as seguintes diferenças:

a) 7 – 2 =	9 – 3 =	8 – 4 =	9 – 5 =	8 – 5 =	9 – 4 =
b) 4 – 2 =	4 – 0 =	5 – 2 =	6 – 6 =	5 – 3 =	6 – 3 =
c) 7 – 0 =	7 – 7 =	7 – 4 =	7 – 3 =	8 – 3 =	9 – 6 =
d) 70 – 20 =	90 – 40 =	80 – 40 =	90 – 30 =	90 – 50 =	90 – 60 =
e) 70 – 30 =	80 – 30 =	70 – 40 =	50 – 20 =	60 – 20 =	60 – 40 =
f) 12 – 2 =	12 – 3 =	11 – 2 =	13 – 4 =	14 – 5 =	12 – 4 =
g) 13 – 8 =	12 – 8 =	14 – 8 =	13 – 6 =	14 – 7 =	13 – 5 =
h) 14 – 6 =	16 – 8 =	15 – 7 =	16 – 9 =	17 – 9 =	14 – 9 =
i) 17 – 8 =	17 – 9 =	16 – 7 =	17 – 9 =	19 – 11 =	19 – 13 =

38 Determinar os resultados das operações seguintes:

a) 13 – 5 =	13 + 5 =	12 + 8 =	12 – 8 =	13 + 7 =	13 – 7 =
b) 8 + 7 =	18 – 7 =	19 – 6 =	19 + 6 =	7 + 12 =	12 – 7 =
c) 14 – 8 =	16 – 9 =	16 + 9 =	14 + 8 =	17 – 8 =	17 – 9 =
d) 17 + 8 =	17 + 9 =	8 + 13 =	18 + 7 =	8 + 17 =	6 + 8 =
e) 16 + 8 =	6 + 18 =	16 + 18 =	26 – 9 =	16 – 9 =	36 – 9 =
f) 45 – 15 =	55 – 15 =	65 – 15 =	30 – 15 =	40 – 15 =	60 – 15 =
g) 55 + 15 =	55 – 35 =	65 + 15 =	65 – 15 =	75 – 25 =	75 + 25 =
h) 85 + 15 =	85 – 15 =	95 + 25 =	95 – 25 =	35 + 35 =	55 – 45 =
i) 24 – 12 =	30 – 10 =	30 – 12 =	30 – 17 =	40 – 8 =	40 – 18 =
j) 38 – 18 =	38 – 20 =	48 – 18 =	48 – 20 =	57 – 17 =	57 – 20 =
k) 67 – 27 =	67 – 29 =	88 – 18 =	88 – 16 =	98 + 12 =	98 + 15 =

Resp: **33** a) 14; 16; 18; 11; 12   b) 13; 14; 15; 11; 12   c) 13; 14; 15; 11; 12   d) 13; 15; 11; 12; 13   e) 14; 15; 11; 12; 13
f) 14; 11; 12; 13 11   g) 16; 17; 16; 17; 18   **34** a) 6; 6; 6; 8; 7   b) 6; 7; 4; 7; 4   c) 5; 5; 8; 8; 4
d) 9; 9; 6; 3; 8   e) 7; 8; 9; 8; 9   **35** a) 17; 170; 16   b) 19; 190; 18   c) 19; 180; 1900
d) 19; 18; 180   e) 23; 22; 230   f) 220; 24; 20   g) 20; 20; 21   h) 21; 23; 23
36 a) 979   b) 5988   c) 7977   d) 9999   e) 9999   f) 9379   g) 12978   h) 8268   i) 14292   j) 16665
k) 130375   l) 10000   m) 14251   n) 19445   o) 78465   p) 916   q) 7338   r) 19944   s) 12727   t) 92736   u) 18209

39 Completar com o **subtraendo**, de modo a obter a **diferença** dada, nos casos:

a) 9 – ___ = 5	8 – ___ = 5	9 – ___ = 3	10 – ___ = 3	11 – ___ = 8
b) 16 – ___ = 9	7 – ___ = 4	8 – ___ = 2	10 – ___ = 6	12 – ___ = 5
c) 12 – ___ = 7	17 – ___ = 8	17 – ___ = 7	27 – ___ = 27	31 – ___ = 0
d) 12 – ___ = 3	22 – ___ = 5	15 – ___ = 8	25 – ___ = 8	35 – ___ = 28
e) 14 – ___ = 5	24 – ___ = 5	24 – ___ = 15	34 – ___ = 25	34 – ___ = 15

40 Completar com o **minuendo**, de modo que a **diferença** seja a dada, nos casos:

a) ___ – 2 = 4	___ – 3 = 4	___ – 5 = 4	___ – 3 = 9	___ – 5 = 9
b) ___ – 7 = 8	___ – 9 = 11	___ – 7 = 8	___ – 6 = 5	___ – 8 = 11
c) ___ – 6 = 13	___ – 12 = 13	___ – 5 = 18	___ – 4 = 17	___ – 12 = 13
d) ___ – 9 = 7	___ – 45 = 15	___ – 31 = 19	___ – 23 = 22	___ – 14 = 6
e) ___ – 14 = 36	___ – 8 = 16	___ – 9 = 18	___ – 12 = 20	___ – 12 = 19

41 Completar de modo que a sentença obtida seja verdadeira, nos casos:

a) 17 – ___ = 9	___ – 7 = 8	13 + ___ = 24	___ + 8 = 23	35 – ___ = 15
b) ___ + 7 = 15	___ – 6 = 14	16 + ___ = 20	6 + ___ = 30	25 – ___ = 16
c) 35 – ___ = 6	35 – ___ = 16	2 + ___ = 15	12 + ___ = 25	36 – ___ = 28
d) 53 – ___ = 33	53 – ___ = 31	___ + 23 = 63	32 – ___ = 28	32 – ___ = 18
e) ___ + 3 = 20	___ + 13 = 40	___ – 13 = 7	___ – 13 = 27	12 – ___ = 4
f) 22 – ___ = 14	32 – ___ = 4	18 – ___ = 12	28 – ___ = 2	38 – ___ = 12
g) 17 + ___ = 30	37 + ___ = 60	32 – ___ = 20	32 – ___ = 18	42 – ___ = 8
h) ___ – 7 = 16	___ + 7 = 23	42 – ___ = 28	36 + ___ = 51	45 – ___ = 38
i) 47 – ___ = 38	12 + ___ = 24	12 + ___ = 26	9 + ___ = 12	19 + ___ = 32
j) 13 – ___ = 5	23 – ___ = 5	33 – ___ = 15	22 – ___ = 19	42 – ___ = 9

42 Efetuar as seguintes subtrações:

a)   8 7 5 4
   − 2 2 5 3
   ─────────

b)   7 5 8 9
   − 3 2 3 5
   ─────────

c)   1 7 9 5 8
   −   4 4 5 3
   ───────────

d)   7 4 6
   − 2 8 4
   ────────

e)   5 6 4 3
   − 2 8 3 4
   ─────────

f)   2 4 5 6
   − 1 9 8 9
   ─────────

g)   4 3 0 1
   − 2 8 6 9
   ─────────

h)   7 4 5 0 2
   − 6 8 7 4 8
   ───────────

i)   4 0 0 0
   − 2 3 4 7
   ─────────

43 Determinar as seguintes diferenças:

a) 7674 − 4765

b) 47200 − 14987

c) 84021 − 47899

44 Aplicando a propriedade associativa, escolha as parcelas que devem ser somadas primeiramente, para que a soma seja obtida mais facilmente.

a) $\underbrace{17+13}+49=$
    $30+49=79$

b) 28 + 12 + 39 =

c) 35 + 27 + 5 =

d) 36 + 15 + 45 =

e) 48 + 33 + 12 =

f) 33 + 28 + 17 =

g) 24 + 16 + 15 + 25 =

h) 17 + 36 + 14 + 13 =

i) 12 + 21 + 19 + 18 =

j) 32 + 46 + 18 + 14 =

Resp: **37** a) 5; 6; 4; 4; 3; 5   b) 2; 4; 3; 0; 2; 3   c) 7; 0; 3; 4; 5; 3   d) 50; 50; 40; 60; 40; 30   e) 40; 50; 30; 30; 40; 20
f) 10; 9; 9; 9; 9; 8   g) 5; 4; 6; 7; 7; 8   h) 8; 8; 8; 7; 8; 5   i) 9; 8; 9; 8; 8; 6   **38** a) 8; 18; 20; 4; 20; 6
b) 15; 11; 13; 25; 19; 5   c) 6; 7; 25; 22; 9; 8   d) 25; 26; 21; 25; 25; 14   e) 24; 24; 34; 17; 7; 27   f) 30; 40; 50; 15; 25; 45
g) 70; 20; 80; 50; 50; 100   h) 100; 70; 120; 70; 70; 10   i) 12; 20; 18; 13; 32; 22
j) 20; 18; 30; 28; 40; 37   k) 40; 38; 70; 72; 110; 113

45 Simplificar as seguintes expressões:

a) 7 + 3 + 9 + 6 – 19 =

b) 6 + 4 + 8 + 7 – 17 =

c) 12 + 8 + 13 + 17 – 38 =

d) 45 + 15 + 14 + 6 – 63 =

e) 22 + 18 + 11 + 19 – 55 =

f) 16 + 24 + 14 + 16 – 17 =

g) 25 + 12 – 9 – 8 =

h) 36 + 12 – 9 – 15 =

i) 41 + 13 – 8 – 9 =

j) 44 + 17 – 8 – 13 =

k) 18 + 15 – 7 – 19 =

l) 48 + 15 – 9 – 8 =

m) 63 – 8 – 7 – 5 – 9 =

n) 75 – 9 – 8 – 5 – 7 =

o) 51 – 9 – 8 – 7 – 9 =

p) 83 – 6 – 9 – 5 – 8 =

q) 91 – 5 – 8 – 3 – 9 – 8 =

r) 113 – 8 – 9 – 12 – 9 – 7 =

s) 8743 + 4459 – 5735 – 3689 =

7 – Expressões com parênteses, colchetes e chaves

Efetuamos primeiro as operações entre parênteses, eliminando-os, depois entre colchetes, eliminando-os e finalmente entre chaves.

Exemplos:

1) $37 - (14 + 8) =$
   $= 37 - 22 = \boxed{15}$

2) $28 - [32 - (22 - 9)] =$
   $= 28 - [32 - 13] =$
   $= 28 - 19 = \boxed{9}$

3) $32 - \{27 - [27 - (16 - 7)]\} - 8 =$
   $= 32 - \{27 - [27 - 9]\} - 8 =$
   $= 32 - \{27 - 18\} - 8 =$
   $= 32 - 9 - 8 = 23 - 8 = \boxed{15}$

46 Simplificar as seguintes expressões:

a) $28 - (13 - 4) =$

b) $95 - (13 + 12) =$

c) $85 - (27 - 12) =$

d) $40 - (49 - 10) =$

e) $(44 - 9) - (21 - 6) =$

f) $(33 - 9) - (47 - 23) =$

g) $32 - [35 - (23 - 8)] =$

h) $57 - [36 - (18 + 9)] =$

i) $65 - 13 - [41 - (12 + 8)] =$

j) $52 - (50 - 15) - [27 - (26 - 8)] =$

k) $55 - [35 - (7 + 19)] - (32 - 17) =$

l) $75 - \{48 - [37 - (25 - 11)]\} =$

m) $25 + 85 - \{56 - [30 - (28 - 14)]\} - 24 =$

n) $36 + 90 - \{76 - [54 - (39 - 15)]\} - 37 =$

o) $117 - \{45 - [45 - (57 - 33)]\} - 27 =$

Resp:

39 a) 4; 3; 6; 7; 3   b) 7; 3; 6; 4; 7   c) 5; 9; 10; 0; 31   d) 9; 17; 7; 17; 7   e) 9; 19; 9; 9; 19

40 a) 6; 7; 9; 12; 14   b) 15; 20; 15; 11; 19   c) 19; 25; 23; 21; 25   d) 16; 60; 50; 45; 20   e) 50; 24; 27; 32; 31

41 a) 8; 15; 11; 15; 20   b) 8; 20; 4; 24; 9   c) 29; 19; 13; 13; 8   d) 20; 22; 40; 4; 14   e) 17; 27; 20; 40; 8
   f) 8; 28; 6; 26; 26   g) 13; 23; 12; 14; 34   h) 23; 16; 14; 15; 7   i) 9; 12; 14; 3; 13   j) 8; 18; 18; 3; 33

42 a) 6501   b) 4354   c) 13505   d) 462   e) 2809   f) 467   g) 1432   h) 5754   i) 1653

43 a) 2909   b) 32213   c) 36122   **44** a) 79   b) 79   c) 67   d) 96   e) 93   f) 78
   g) 80   h) 80   i) 70   j) 110

47 Determinar o resultado de:

a) $347 + 2756 - \{3341 - [3730 - (2231 - 1247)]\} =$

b) $6000 - 2785 - \{4123 - [4431 - (3112 - 1476)]\} =$

---

8 – Relação entre a adição e a subtração

I) Note que na adição de duas parcelas, cada parcela é a diferença entre a soma e a outra parcela

$$a + b = s \Rightarrow \begin{cases} a = s - b \\ b = s - a \end{cases}$$

Exemplos: 1) $4 + 3 = 7 \Rightarrow \begin{cases} 4 = 7 - 3 \\ 3 = 7 - 4 \end{cases}$ 2) $8 + 7 = 15 \Rightarrow \begin{cases} 8 = 15 - 7 \\ 7 = 15 - 8 \end{cases}$

II) Note que na subtração, o minuendo é igual a adição do subtraendo com a diferença e que o subtraendo é igual a subtração entre o minuendo e a diferença.

$$m - s = d \Rightarrow \begin{cases} m = s + d \\ s = m - d \end{cases}$$

Exemplos: 1) $7 - 3 = 4 \Rightarrow \begin{cases} 7 = 3 + 4 \\ 3 = 7 - 4 \end{cases}$ 2) $15 - 7 = 8 \Rightarrow \begin{cases} 15 = 7 + 8 \\ 7 = 15 - 8 \end{cases}$

---

48 Determinar o número natural **n** que satisfaz a condição dada, nos casos:

a) $n - 2 = 5$	$n - 5 = 3$	$n + 3 = 8$	$n + 3 = 12$	$n - 5 = 10$	$n + 6 = 15$
b) $8 - n = 6$	$10 - n = 4$	$8 + n = 12$	$9 + n = 15$	$12 - n = 8$	$19 + n = 25$
c) $n - 9 = 18$	$17 - n = 2$	$n + 12 = 20$	$7 + n = 40$	$18 - n = 14$	$13 - n = 6$

49 Determinar o número natural n, nos casos:

a) n + 10 = 15	n – 10 = 15	n + 7 = 15	n – 7 = 15	15 – n = 9	12 – n = 5
b) 7 + n = 22	9 + n = 12	18 – n = 4	27 – n = 9	n + 25 = 40	n + 15 = 35
c) 12 = 20 – n	7 = 26 – n	18 = 13 + n	23 = 15 + n	21 = n + 14	36 = n + 9
d) 8 = 24 – n	42 = 54 – n	6 = n – 12	7 = n – 14	12 = 26 – n	15 = 50 – n

Exemplo: Determinar o valor de n, nos casos:

1) $(n-8)-10=4$
   $n-8=14$
   $\boxed{n=22}$

2) $14-(n-5)=12$
   $n-5=2$
   $\boxed{n=7}$

3) $12=24-(n+4)$
   $n+4=12$
   $\boxed{n=8}$

50 Determinar o número natural **n**, nos casos:

a) (n + 4) + 8 = 15

b) (n – 6) + 12 = 15

c) (n + 4) – 3 = 5

d) (n – 8) – 10 = 4

e) 14 – (n – 5) = 12

f) 12 = 24 – (n – 4)

g) 17 – (n + 6) = 3

h) 11 = 16 – (n – 8)

i) 13 = (n – 7) + 6

j) 15 = (n + 7) + 8

k) 16 = 23 – (7 – n)

l) 25 – (n + 8) = 12

m) 18 = 26 – (17 – n)

n) 35 = 51 – (40 – n)

o) 17 = 30 – (27 – n)

Resp: **45** a) 6 b) 8 c) 12 d) 17 e) 15 f) 53 g) 20 h) 24 i) 37 j) 40 k) 7 l) 46
m) 34 n) 46 o) 18 p) 55 q) 58 r) 68 s) 3778 **46** a) 19 b) 70 c) 70 d) 1
e) 20 f) 0 g) 12 h) 48 i) 31 j) 8 k) 31 l) 50 m) 46 n) 43 o) 66

51 Resolver:

a) João comprou um sanduiche de R$ 19,00 e um suco de R$ 13,00.
Quanto ele gastou nesta compra?

b) Na compra de 2 livros Maria gastou R$ 135,00. Se um deles custou R$ 45,00, quanto custou o outro?

c) Miguel tinha R$ 20,00 a menos do que precisava para comprar duas canetas de R$ 67,00 cada. Quantos reais tinha Miguel?

d) Bete deu 34 figurinhas, das que possuia para um sobrinho e 69 para outro e ainda ficou com 48 figurinhas. Quantas ela possuia?

e) Paulo tem R$ 137,00. Para Edu ter o dobro do que Paulo tem, ele precisaria ter R$ 40,00 a mais do que tem. Quantos reais tem Edu?

f) Se Sueli comprar 3 camisetas de R$ 117,00 cada, ela ficará com R$ 97,00. Quantos reais ela tem?

g) O senhor Carlos comprou 2 tênis de R$ 397,00 e 2 de R$ 468,00. Quantos reais ele gastou nesta compra?

h) Gabriela deu R$ 157,00 para um sobrinho e R$ 259,00 para outro e ainda ficou com R$ 198,00. Quantos reais possuia?

i) Se Daniel der 45 dos 139 selos que tem para Giovana, ela fica com o triplo do que ele fica. Quantos tinha Giovana inicialmente?

j) Maria deu R$ 1870,00 para um irmão e o dobro disto para uma irmã e ainda ficou com o dobro do que deu. Quantos reais ela tinha inicialmente?

52 Resolver:

a) Determinar a soma de três números consecutivos, sendo o menor deles 2749.

b) Determinar a soma de três números pares consecutivos, sendo o maior deles 3448.

c) Determinar a soma de três números ímpares consecutivos, sendo 7647 o maior deles.

d) Uma escola tem 787 alunos no ensino fundamental e 1358 no ensino médio. Quantos alunos tem esta escola nestas duas etapas?

53 Resolver:

a) Em uma subtração o subtraendo é 437 e o minuendo é 525. Qual é a diferença?

b) Em uma subtração a diferença é 458 e o minuendo é 721. Qual é o subtraendo?

c) A soma de dois números é 548. Se um deles é 259, qual é o outro?

d) A soma de três números é 1225. Se a soma dos dois primeiros e 548, qual é o terceiro?

e) Em uma escola de 1342 alunos, há 657 meninas. Quantos são os meninos?

f) Em uma cidade com 5121 eleitores, 2987 são mulheres. Quantos são os homens?

Resp: **47** a) 2508 b) 1887 **48** a) 7; 8; 5; 9; 15; 9 b) 2; 6; 4; 6; 4; 6 c) 27; 15; 8; 33; 4; 7 **49** a) 5; 25; 8; 22; 6; 7
b) 15; 3; 14; 18; 15; 20 c) 8; 19; 5; 8; 7; 27 d) 16; 12; 18; 21; 14; 35 **50** a) 3 b) 9 c) 4 d) 22 e) 7
f) 16 g) 8 h) 13 i) 14 j) 0 k) 0 l) 5 m) 9 n) 24 o) 14

54 Resolver:

a) Um comerciante comprou um produto por R$ 267,00 quer ter um lucro, ao vendê-lo, de R$ 93,00. Por quando deverá vendê-lo?

b) Um comerciante pagou R$ 564,00 por um produto e vendeu-o por R$ 721,00. Qual foi o lucro?

c) Uma pessoa pagou R$ 1755,00 por uma geladeira que custava e R$ 1910,00. Qual foi desconto o obtido?

d) Um estudante leu um livro de 434 páginas em duas semanas. Se na 1ª semana ele leu 187 páginas, quantas ele leu na 2ª semana?

e) Um motorista viajou do Km 287 ao 543 de uma estrada. Quantos quilômetros ele percorreu?

f) Em um conjunto habitacional há 650 aptos, sendo 432 de 1 dormitório e o restante de 2 dormitórios. Quantos são os de 2 dormitórios?

55 Resolver:

a) Uma montadora tinha 1237 funcionários em uma cidade e 1865 em outra. 985 funcionários foram demitidos. Quantos continuam trabalhando nesta montadora?

b) Um operário ao perder o emprego verificou que depois dos acertos, possuia R$ 17450,00. Nos dois meses seguintes as suas despesas foram de R$ 3745,00 e R$ 3457,00. Quanto ainda resta para ele?

c) João saiu de casa com R$ 523,00. Gastou R$ 245,00 em um restaurante e R$ 123,00 em livros. Com quantos reais João ficou?

d) Dona Carmela saiu de casa com R$ 563,00. Gastou R$ 123,00 no mercado e R$ 154,00 na farmácia. Que quantia restou para ela?

56 Quantos números naturais existem

a) de 1 algarismo ?	b) de 2 algarismos ?	c) de 3 algarismos ?
d) de 143 até 359 ?	e) do 347 ao 900 ?	f) de 200 até 700 ?
g) entre 10 e 50 ?	h) entre 178 e 321 ?	i) entre 484 e 742 ?
j) de 251 até 551 ?	k) do 345 ao 722 ?	l) entre 345 e 722 ?

57 Determinar o perímetro (perímetro é a soma das medidas dos lados) dos seguintes polígonos:

a) Triângulo ABC

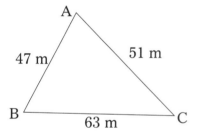

b) Quadrilátero ABCD

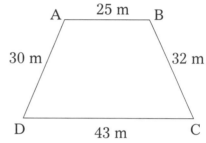

c) Retângulo ABCD

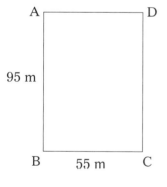

d) Paralelogramo ABCD

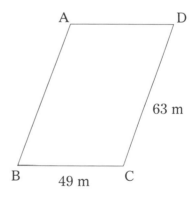

58 Se o quadrilátero ABCD tem 586 m de perímetro, quanto mede o lado AD?

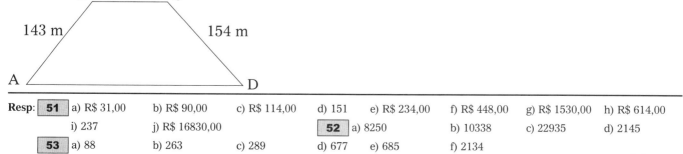

Resp: **51** a) R$ 31,00   b) R$ 90,00   c) R$ 114,00   d) 151   e) R$ 234,00   f) R$ 448,00   g) R$ 1530,00   h) R$ 614,00
 i) 237   j) R$ 16830,00   **52** a) 8250   b) 10338   c) 22935   d) 2145
 53 a) 88   b) 263   c) 289   d) 677   e) 685   f) 2134

9 – Multiplicação de números naturais

A cada adição de parcelas iguais de números naturais podemos fazer corresponder uma multiplicação do número de parcelas pela parcela que se repede. Observe:

5 + 5 + 5 = 3 vezes 5,   7 + 7 = 2 vezes 7

Notação: 3 vezes 5 = 3 x 5 = 3 · 5 = 3 · (5) = 3 x (5) = 3(5)

A forma 5 + 5 + 5 chama-se adição e 3 . 5 chama-se multiplicação.

Então: 5 + 5 + 5 = 15,   3 x 5 = 15,   3 · 5 = 15,   3 · (5) = 15,   3 (5) = 15
       3 · 5 = 15   2 · 7 = 14   5 · 9 = 45
       fatores produto   fatores produto   fatores produto

Para a multiplicação são válidas as seguintes propriedades:

Sendo a, b e c números naturais, {a, b, c} ⊂ ℕ, temos:

1) **Propriedade do fechamento**

   (a · b) ∈ ℕ   O produto da multiplicação de dois números naturais é um número natural.

   Exemplo: {2, 3, 4} ⊂ ℕ ⇒ 2 · 3 = 6 ∈ ℕ, 2 · 4 = 8 ∈ ℕ e 3 · 4 = 12 ∈ ℕ

2) **Propriedade comutativa**

   a · b = b · a   A ordem das fatores não altera o produto

   Exemplo: 3 · 4 = 12,   4 · 3 = 12,   3 · 5 = 5 · 3 = 15,   1 · 7 = 7 · 1 = 7

3) **Propriedade associativa**

   Na multiplicação de três ou mais fatores, a escolha de quais serão multiplicados primeiro, não altera o produto.

   Exemplo: 2 · 3 · 4 = 2 · (3 · 4) = 2 · 12 = 24

   2 · 3 · 4 = (2 · 3) · 4 = 6 · 4 = 24

   2 · 3 · 4 = (2 · 4) · 3 = 8 · 3 = 24

4) **Elemento neutro** (O 1 é o elemento neutro para a multiplicação)

   Exemplo:

   a · 1 = 1 · a = a

5) **Propriedade distributiva**

   Exemplo: a (b + c) = ab + ac   Também temos: a (b − c) = ab − ac

   3 · (2 + 5) = 3 · 2 + 3 · 5   3 · (5 − 2) = 3 · 5 − 3 · 2

   3 · 7   = 6 + 15   3 · (3)   = 15 − 6

   21   = 21   9   = 9

6) **Produto nulo**

   a . 0 = 0 . a = 0   O produto do 0 por qualquer número natural, dá 0

   Exemplo: 0 · 7 = 0,   7 · 0 = 0,   3 · 0 = 0,   0 · 0 = 0,   0 · 21 = 0

10 – Divisor e múltiplo

Se **a**, **b** e **c** são números naturais e a = b · c, dizemos que a é múltiplo de b e que a é **múltiplo** de c.

Exemplo: 1) 8 = 2 · 4 ⇒ 8 é múltiplo de 2 e 8 é múltiplo de 4.

2) 0 = 7 · 0 ⇒ 0 é múltiplo de 7 e 0 é múltiplo de 0.

3) 0 = 8 · 0 ⇒ 0 é múltiplo de 8

4) 5 = 1 · 5 ⇒ 5 é múltiplo de 1 e 5 é múltiplo de 5.

Obs.: O 0 é múltiplo de qualquer número natural e qualquer número natural é múltiplo de 1 e dele próprio.

Se **a**, **b** e **c** são números naturais com a ≠ 0 e a = bc (note que **b** e **c** também são diferentes de 0), então **b** e **c** são chamados divisores de **a**.

Exemplos: 1) 15 = 3 · 5 ⇒ 3 é divisor de 15 e 5 é divisor de 15

2) 7 = 1 · 7 ⇒ 1 é divisor de 7 e 7 é divisor de 7

Obs.: 1) O 1 é divisor de qualquer número natural e qualquer número natural diferente de 0 é divisor dele próprio.

2) O 0 (zero) é múltiplo de qualquer número natural mas não é divisor de nenhum deles. **Não se divide por zero**.

Note que 10 = 2 · 5 ⇒ 10 = 5 + 5

Dizemos que 10 **dividido** por 2 é igual a 5 e escremos:

$2 = 10 \div 5$ ou $2 = 10 : 5$ ou $2 = \dfrac{10}{5}$

Então, se a ≠ 0 e a = bc, escrevemos:

$b = a : c = a \div c = \dfrac{a}{c}$ e $c = a : b = a \div b = \dfrac{a}{b}$

Exemplos: 1) $15 = 3 \cdot 5 \Rightarrow 3 = 15 \div 5 = 15 : 5 = \dfrac{15}{5}$ e $5 = 15 \div 3 = 15 : 3 = \dfrac{15}{3}$

2) $9 = 1 \cdot 9 \Rightarrow 1 = 9 \div 9 = 9 : 9 = \dfrac{9}{9}$ e $9 = 9 \div 1 = 9 : 1 = \dfrac{9}{1}$

Obs.: A divisão em $\mathbb{N}$ será definida mais adiante.

Tabuadas

Para a **adição** devemos saber quais são os dois algarismos, de 1 até 9, que devemos tomar como parcelas, para obtemos as 17 somas seguintes: 2, 3, 4, 5, 6, 7, 8, 9, 10, 11, 12, 13, 14, 15, 16, 17, 18.

Exemplos: 2 = 1 + 1, 3 = 1 + 2 = 2 + 1, 4 = 1 + 3 = 3 + 1 = 2 + 2, 5 = 1 + 4 = 4 + 1 = 2 + 3 = 3 + 2, etc.

Para a **multiplicação** devemos saber quais são os dois algarismos, de 2 até 9, que devemos tomar como fatores, para obtemos os 31 produtos seguintes: 4, 6, 8, 9, 10, 12, 14, 15, 16, 18, 20, 21, 24, 25, 27, 28, 30, 32, 35, 36, 40, 42, 45, 48, 49, 54, 56, 63, 64, 72, 81.

Exemplos: 4 = 2 . 2, 6 = 2 . 3 = 3 . 2, 8 = 2 . 4 = 4 . 2, 9 = 3 . 3, 10 = 2 . 5 = 5 . 2, 12 = 2 . 6 = 6 . 2 = 3 . 4 = 4 . 3, etc...

Resp: **54** a) R$ 360,00 b) R$ 157,00 c) R$ 155,00 d) 247 e) 256 f) 218 **55** a) 2117 b) R$10248,00
c) R$155,00 d) R$ 286,00 **56** a) 10 b) 90 c) 900 d) 217 e) 554
f) 501 g) 39 h) 142 i) 257 j) 301 k) 378 l) 376
57 a) 161 m b) 130 m c) 300 m d) 224 m **58** a) 192 m

Para a multiplicação de dois fatores, com um algarismo cada, vamos destacar 3 grupos:

I) Os produtos que podem ser a multiplicação de dois fatores iguais:

$4 = 2 \cdot 2$, $9 = 3 \cdot 3$, $16 = 4 \cdot 4$, $25 = 5 \cdot 5$, $36 = 6 \cdot 6$, $49 = 7 \cdot 7$, $64 = 8 \cdot 8$ e $81 = 9 \cdot 9$

Estes produtos são chamados **quadrados perfeitos**.

Dizemos que 4 é o quadrado de 2, que 9 é o quadrado de 3, etc.

E escrevemos: **4** $= 2^2$, **9** $= 3^2$, **16** $= 4^2$, **25** $= 5^2$, **36** $= 6^2$, **49** $= 7^2$, **64** $= 8^2$ e **81** $= 9^2$

II) Os produtos que são as multiplicações de dois pares de fatores (fatores de 1 algarismo)

$12 = 2 \cdot 6 = 6 \cdot 2 = 3 \cdot 4 = 4 \cdot 3$, $16 = 2 \cdot 8 = 8 \cdot 2 = 4 \cdot 4$, $18 = 2 \cdot 9 = 9 \cdot 2 = 3 \cdot 6 = 6 \cdot 3$,

$24 = 3 \cdot 8 = 8 \cdot 3 = 4 \cdot 6 = 6 \cdot 4$ e $36 = 4 \cdot 9 = 9 \cdot 4 = 6 \cdot 6$

III) Os produtos que são as multiplicações de apenas dois (fatores de 1 algarismo)

$4 = 2 \cdot 2$, $6 = 2 \cdot 3 = 3 \cdot 2$, $8 = 2 \cdot 4 = 4 \cdot 2$, $9 = 3 \cdot 3$, $10 = 2 \cdot 5 = 5 \cdot 2$, etc.

x	2	3	4	5	6	7	8	9
2	4	6	8	10	12	14	16	18
3	6	9	12	15	18	21	24	27
4	8	12	16	20	24	28	32	36
5	10	15	20	25	30	35	40	45
6	12	18	24	30	36	42	48	54
7	14	21	28	35	42	49	56	63
8	16	24	32	40	48	56	64	72
9	18	27	36	45	54	63	72	81

Obs.:

1) O grupo I está destacado em negrito na tabela.

2) O grupo II tem os produtos dentro de um círculo

3) O grupo III tem os produtos dentro de quadrados sombreados.

4) Note que os produtos que não estão assinalados, se repetem nos grupos que foram assinalados.

5) Note que há apenas 31 produtos distintos.

59 Em caso cada é dado um número antes do parêntese. Entre parênteses escrever em sequência os números obtidos, a partir do segundo, somando o anterior com o número que está antes do parêntese.

a) 2 (2,   ,   ,   ,   ,   ,   ,   ,   ,   ,   )

b) 3 (3,   ,   ,   ,   ,   ,   ,   ,   ,   ,   )

c) 4 (4,   ,   ,   ,   ,   ,   ,   ,   ,   ,   )

d) 5 (5,   ,   ,   ,   ,   ,   ,   ,   ,   ,   )

e) 6 (6,   ,   ,   ,   ,   ,   ,   ,   ,   ,   )

f) 7 (7,   ,   ,   ,   ,   ,   ,   ,   ,   ,   )

60 Escrever em sequência, entre parêntese, os números, de modo que cada um, a partir do segundo seja igual ao anterior somado com o número dado antes dos parênteses:

a) 8 (8,   ,   ,   ,   ,   ,   ,   ,   )

b) 9 (9,   ,   ,   ,   ,   ,   ,   ,   )

c) 11 (11,   ,   ,   ,   ,   ,   ,   ,   )

d) 12 (12,   ,   ,   ,   ,   ,   ,   ,   )

e) 13 (13,   ,   ,   ,   ,   ,   ,   ,   )

g) 14 (14,   ,   ,   ,   ,   ,   ,   ,   )

h) 15 (15,   ,   ,   ,   ,   ,   ,   ,   )

61 Determinar os produtos das seguintes multiplicações:

a) $2 \cdot 3 =$	$2 \cdot 5 =$	$2 \cdot 7 =$	$2 \cdot 9 =$	$3 \cdot 3 =$	$3 \cdot 5 =$
b) $3 \cdot 7 =$	$3 \cdot 9 =$	$3 \cdot 2 =$	$5 \cdot 2 =$	$5 \cdot 3 =$	$5 \cdot 5 =$
c) $5 \cdot 7 =$	$5 \cdot 9 =$	$7 \cdot 3 =$	$7 \cdot 5 =$	$7 \cdot 9 =$	$9 \cdot 7 =$
d) $2 \cdot 4 =$	$3 \cdot 4 =$	$2 \cdot 6 =$	$3 \cdot 6 =$	$5 \cdot 4 =$	$5 \cdot 6 =$
e) $2 \cdot 8 =$	$3 \cdot 8 =$	$5 \cdot 8 =$	$7 \cdot 8 =$	$4 \cdot 2 =$	$4 \cdot 3 =$
f) $4 \cdot 5 =$	$4 \cdot 6 =$	$4 \cdot 7 =$	$4 \cdot 8 =$	$4 \cdot 9 =$	$7 \cdot 4 =$
g) $6 \cdot 2 =$	$6 \cdot 3 =$	$6 \cdot 4 =$	$6 \cdot 5 =$	$6 \cdot 7 =$	$7 \cdot 6 =$
h) $8 \cdot 2 =$	$8 \cdot 3 =$	$8 \cdot 4 =$	$8 \cdot 5 =$	$8 \cdot 6 =$	$8 \cdot 7 =$
i) $8 \cdot 8 =$	$8 \cdot 9 =$	$9 \cdot 2 =$	$9 \cdot 3 =$	$9 \cdot 4 =$	$9 \cdot 5 =$
j) $9 \cdot 6 =$	$9 \cdot 7 =$	$9 \cdot 8 =$	$9 \cdot 9 =$	$7 \cdot 7 =$	$6 \cdot 6 =$
k) $3 \cdot 50 =$	$3 \cdot 60 =$	$3 \cdot 70 =$	$4 \cdot 40 =$	$5 \cdot 50 =$	$70 \cdot 7 =$
l) $80 \cdot 8 =$	$90 \cdot 9 =$	$6 \cdot 60 =$	$50 \cdot 6 =$	$50 \cdot 7 =$	$7 \cdot 60 =$
m) $8 \cdot 70 =$	$6 \cdot 90 =$	$7 \cdot 90 =$	$8 \cdot 90 =$	$7 \cdot 80 =$	$9 \cdot 70 =$

62 Determinar os produtos de:

a) 3 · 3 =	4 · 4 =	5 · 5 =	6 · 6 =	7 · 7 =	8 · 8 =
b) 9 · 9 =	3 · 4 =	2 · 9 =	4 · 6 =	2 · 8 =	4 · 9 =
c) 4 · 3 =	9 · 2 =	6 · 4 =	9 · 4 =	7 · 8 =	8 · 9 =
d) 9 · 6 =	9 · 7 =	8 · 7 =	9 · 8 =	6 · 9 =	7 · 9 =
e) 9 · 40 =	70 · 9 =	9 · 60 =	9 · 80 =	80 · 9 =	80 · 7 =

63 Escrever a multiplicação de dois fatores de um algarismo, sem considerar o caso do elemento neutro, cujo resultado seja o produto dado, nos casos:

a) 4 =	9 =	25 =	49 =	64 =	81 =
b) 6 =		8 =		10 =	
c) 15 =		20 =		28 =	
d) 30 =		32 =		35 =	
e) 40 =		42 =		45 =	
f) 48 =		54 =		56 =	
g) 63 =		14 =		72 =	
h) 12 =			16 =		
i) 18 =			24 =		
j) 36 =					

64 Determinar os seguintes quocientes:

a) 18 ÷ 2 =	12 ÷ 4 =	15 ÷ 3 =	24 ÷ 4 =	24 ÷ 3 =	12 ÷ 6 =
b) 20 : 4 =	28 : 4 =	30 : 5 =	32 : 4 =	40 : 5 =	42 : 6 =
c) $\dfrac{35}{5}=$	$\dfrac{32}{8}=$	$\dfrac{42}{7}=$	$\dfrac{24}{8}=$	$\dfrac{48}{6}=$	$\dfrac{45}{5}=$
d) $\dfrac{36}{4}=$	$\dfrac{40}{8}=$	$\dfrac{54}{6}=$	$\dfrac{56}{8}=$	$\dfrac{63}{7}=$	$\dfrac{72}{8}=$
e) $\dfrac{56}{7}=$	$\dfrac{63}{9}=$	$\dfrac{72}{9}=$	$\dfrac{54}{9}=$	$\dfrac{81}{9}=$	$\dfrac{32}{8}=$

65 Aplicar a propriedade distributiva e depois determinar a soma, nos casos:

a) 5(10 + 2)
50 + 10 = 60

5 (10 + 3) =

6 (10 + 2) =

b) 7 (10 + 3) =

8 (10 + 3) =

9 (10 + 2) =

c) 4 (10 + 4) =

7 (10 + 4) =

3 (10 + 6) =

d) 3 (10 + 9) =

4 (10 + 8) =

4 (10 + 9) =

e) 5 (10 + 5) =

6 (10 + 5) =

6 (10 + 7) =

f) 5 (10 + 9) =

6 (10 + 8) =

6 (10 + 9) =

g) 7 (10 + 5) =

7 (10 + 6) =

7 (10 + 8) =

h) 7 (10 + 9) =

8 (10 + 4) =

9 (10 + 3) =

i) 8 (10 + 5) =

9 (10 + 4) =

8 (10 + 6) =

j) 9 (10 + 5) =

8 (10 + 7) =

9 (10 + 6) =

k) 9 (10 + 7) =

8 (10 + 8) =

8 (10 + 9) =

l) 9 (10 + 8) =

9 (10 + 9) =

2 (20 + 7) =

Resp: **59** a) 4, 6, 8, 10, 12, 14, 16, 18, 20, 22, 24   b) 6, 9, 12, 15, 18, 21, 24, 27, 30, 33, 36   c) 8, 12, 16, 20, 24, 28, 32, 36, 40, 44, 48
d) 10, 15, 20, 25, 30, 35, 40, 45, 50, 55, 60   e) 12, 18, 24, 30, 36, 42, 48, 54, 60 ,66, 72   f) 14, 21, 28, 35, 42, 49, 56, 63, 70, 77, 84
60 a) 16, 24, 32, 40, 48, 56, 64, 72, 80   b) 18, 27, 36, 45, 54, 63, 72, 81, 90   c) 22, 33, 44, 55, 66, 77, 88, 99, 110
d) 24, 36, 48, 60, 72, 84, 96, 108, 120   e) 26, 39, 52, 65, 78, 91, 104, 117, 130   g) 28, 42, 56, 70, 84, 98, 112, 126 ,140
h) 30, 45, 60, 75, 90, 105, 120, 135, 150   **61** a) 6; 10; 14; 18; 9; 15   b) 21; 27; 6; 10; 15; 25
c) 35; 45; 21; 35; 63; 63   d) 8; 12; 12; 18; 20; 30   e) 16; 24; 40; 56; 8; 12   f) 20; 24; 28; 32; 36; 28
g) 12; 18; 24; 30; 42; 42   h) 16; 24; 32; 40; 48; 56   i) 64; 72; 18; 27; 36; 45   j) 54; 63; 72; 81; 49; 36
k) 150; 180; 210; 160; 250; 490   l) 640; 810; 360; 300; 350; 420   m) 560; 540; 630; 720; 560; 630

66 Aplicar a propriedade distributiva e depois determina a soma, nos casos:

a) 3 (20 + 4) =	3 (20 + 6) =	4 (20 + 6) =
b) 4 (20 + 7) =	5 (20 + 7) =	6 (20 + 4) =
c) 5 (20 + 9) =	5 (20 + 8) =	6 (20 + 5) =
d) 6 (20 + 8) =	6 (20 + 9) =	7 (20 + 3) =
e) 7 (20 + 5) =	6 (20 + 7) =	7 (20 + 6) =
f) 8 (20 + 3) =	8 (20 + 5) =	7 (20 + 8) =
g) 8 (20 + 6) =	8 (20 + 7) =	9 (20 + 3) =
h) 9 (20 + 5) =	9 (20 + 6) =	9 (20 + 8) =

67 Decompondo mentalmente o número que está entre parênteses em duas parcelas, onde uma delas seja o 10, fazendo a distributiva e somando mentalmente, determinar:

a) 5 (15) =	3 (17) =	2 (18) =	3 (18) =
b) 4 (16) =	4 (13) =	5 (16) =	5 (18) =
c) 4 (17) =	5 (19) =	4 (18) =	4 (19) =
d) 5 (17) =	6 (13) =	6 (14) =	7 (15) =
e) 7 (13) =	6 (16) =	6 (18) =	7 (14) =
f) 7 (16) =	6 (19) =	8 (15) =	8 (13) =
g) 7 (17) =	8 (18) =	9 (19) =	8 (17) =

68 Decompondo mentalmente um dos fatores em parcelas convenientes, fazer a distributiva e somar, também mentalmente e escrever a resposta, nos casos:

a) 3 (12) =	3 (15) =	3 (14) =	3(16) =
b) 4 (13) =	3 (18) =	4 (16) =	3 (17) =
c) 4 (15) =	4 (17) =	3 (19) =	4 (18) =
d) 5 (12) =	5 (13) =	4 (19) =	6 (12) =
e) 6 (13) =	5 (14) =	5 (15) =	6 (14) =
f) 6 (15) =	5 (16) =	5 (17) =	6 (18) =
g) 6 (17) =	7 (12) =	7 (13) =	8 (12) =
h) 9 (12) =	9 (13) =	7 (14) =	8 (13) =

69 Escolhendo de forma conveniente, pela propriedade associativa, que multiplicação fazer primeiro, determinar o produto das seguintes multiplicações:

a) $2 \cdot 3 \cdot 9 =$	$3 \cdot 2 \cdot 8 =$	$5 \cdot 4 \cdot 7 =$	$5 \cdot 3 \cdot 9 =$
b) $8 \cdot 2 \cdot 9 =$	$7 \cdot 3 \cdot 5 =$	$8 \cdot 3 \cdot 6 =$	$7 \cdot 6 \cdot 3 =$
c) $9 \cdot 4 \cdot 5 =$	$5 \cdot 5 \cdot 7 =$	$5 \cdot 4 \cdot 6 =$	$5 \cdot 8 \cdot 7 =$
d) $2 \cdot 3 \cdot 5 \cdot 5 =$	$3 \cdot 3 \cdot 2 \cdot 7$	$2 \cdot 4 \cdot 6 \cdot 4 =$	$3 \cdot 3 \cdot 5 \cdot 7 =$

70 Observe os produtos dados e determinar os quocientes pedidos:

$3 \cdot 15 = 45, 3 \cdot 16 = 48, 3 \cdot 17 = 51, 3 \cdot 18 = 54, 3 \cdot 19 = 57, 5 \cdot 13 = 65, 5 \cdot 14 = 70, 7 \cdot 13 = 91$

a) 45 : 3 =	48 : 3 =	54 : 3 =	57 : 3 =	65 : 5 =
b) 51 : 3 =	70 : 5 =	91 : 7 =	48 : 16 =	57 : 19 =
c) 65 : 13 =	54 : 18 =	70 : 14 =	51 : 17 =	91 : 13 =

Resp: **62** a) 9; 16; 25; 36; 49; 64   b) 81; 12; 18; 24; 16; 36   c) 12; 18; 24; 36; 56; 72   d) 54; 63; 56; 72; 54; 63   e) 360; 630; 540; 720; 720; 560
63 a) 2·2; 3·3; 5·5; 7·7; 8·8; 9·9   b) 2·3 = 3·2; 2·4 = 4·2; 2·5 = 5·2   c) 3·5 = 5·3; 4·5 = 5·4; 4·7 = 7·4
d) 5·6 = 6·5; 4·8 = 8·4; 5·7 = 7·5   e) 5·8 = 8·5; 6·7 = 7·6; 5·9 = 9·5   f) 6·8 = 8·6; 6·9 = 9·6; 7·8 = 8·7
g) 7·9 = 9·7; 2·7 = 7·2; 8·9 = 9·8   h) 2·6 = 6·2 = 3·4 = 4·3; 2·8 = 8·2 = 4·4   i) 2·9 = 9·2 = 3·6 = 6·3; 3·8 = 8·3 = 4·6 = 6·4
j) 4·9 = 9·4 = 6·6   **64** a) 9; 3; 5; 6; 8; 2   b) 5; 7; 6; 8; 8; 7   c) 7; 4; 6; 3; 8;9   d) 9; 5; 9; 7; 9; 9   e) 8; 7; 8; 6; 9; 4
65 a) 60; 65; 72   b) 91; 104; 108   c) 56; 98; 48   d) 57; 72; 76   e) 75; 90; 102   f) 95; 108; 114
g) 105; 112; 136   h) 133; 112; 117   i) 120; 126; 128   j) 135; 136; 144   k) 153; 144; 152   l) 162; 171; 54

71 Completar, de modo que a sentença obtida seja verdadeira, nos casos

a) 5 · ( ) = 45	6 · ( ) = 24	7 · ( ) = 35	6 · ( ) = 42
b) ( ) · 5 = 40	( ) · 8 = 48	( ) · 9 = 54	( ) · 8 = 56
c) 7 · ( ) = 42	4 · ( ) = 36	8 · ( ) = 64	7 · ( ) = 63
d) ( ) · 9 = 72	( ) · 9 = 63	( ) · 8 = 72	( ) · 7 = 56
e) 2 · ( ) = 30	3 · ( ) = 45	2 · ( ) = 44	2 · ( ) = 48
f) 2 · ( ) = 50	2 · ( ) = 36	2 · ( ) = 64	2 · ( ) = 90
g) 17 · ( ) = 17	36 · ( ) = 0	43 · ( ) = 43	59 · ( ) = 0

72 Completar de modo a obter sentenças verdadeiras.

a) 18 = ( ) · 6	24 = ( ) · 8	48 = ( ) · 6	54 = ( ) · 9
b) 56 = 8 · ( )	63 = 7 · ( )	72 = 9 · ( )	42 = 7 · ( )
c) 45 = ( ) · 5	35 = ( ) · 7	32 = ( ) · 8	28 = ( ) · 4

73 Completar de modo que as sentenças obtidas sejam verdadeiras.

a) 24 : ( ) = 8	36 : ( ) = 6	30 : ( ) = 6	35 : ( ) = 5
b) 42 : ( ) = 7	45 : ( ) = 9	36 : ( ) = 9	54 : ( ) = 9
c) 48 : ( ) = 8	28 : ( ) = 4	56 : ( ) = 8	63 : ( ) = 7
d) 72 : ( ) = 9	81 : ( ) = 9	63 : ( ) = 9	72 : ( ) = 8
e) ( ) : 5 = 7	( ) : 6 = 7	( ) : 8 = 7	( ) : 7 = 7
f) ( ) : 6 = 7	( ) : 9 = 4	( ) : 8 = 5	( ) : 6 = 9
g) ( ) : 9 = 7	( ) : 8 = 8	( ) : 7 = 8	( ) : 8 = 6
h) 32 : ( ) = 16	38 : ( ) = 19	48 : ( ) = 16	60 : ( ) = 15
i) 36 : ( ) = 18	46 : ( ) = 23	69 : ( ) = 23	75 : ( ) = 25
j) 51 : ( ) = 17	70 : ( ) = 14	72 : ( ) = 18	91 : ( ) = 13

74 Completar de modo que as sentenças obtidas sejam verdadeiras.

a) $\dfrac{42}{\_\_} = 6$	$\dfrac{35}{\_\_} = 7$	$\dfrac{36}{\_\_} = 9$	$\dfrac{48}{\_\_} = 6$
b) $\dfrac{54}{\_\_} = 6$	$\dfrac{56}{\_\_} = 8$	$\dfrac{63}{\_\_} = 9$	$\dfrac{48}{\_\_} = 8$
c) $7 = \dfrac{28}{\_\_}$	$3 = \dfrac{24}{\_\_}$	$4 = \dfrac{28}{\_\_}$	$9 = \dfrac{72}{\_\_}$
d) $6 = \dfrac{48}{\_\_}$	$7 = \dfrac{42}{\_\_}$	$7 = \dfrac{56}{\_\_}$	$7 = \dfrac{63}{\_\_}$
e) $7 = \dfrac{\_\_}{7}$	$4 = \dfrac{\_\_}{7}$	$9 = \dfrac{\_\_}{6}$	$5 = \dfrac{\_\_}{9}$
f) $\dfrac{\_\_}{6} = 8$	$\dfrac{\_\_}{7} = 9$	$\dfrac{\_\_}{9} = 8$	$\dfrac{\_\_}{8} = 7$

75 Determinar o valor do número natural **n**, de modo que para este valor determinado, a sentença obtida seja verdadeira, nos casos:

Obs.: **an** significa **a · n** que é **a** vezes **n**

a) $5 \cdot n = 15 \Rightarrow n =$	$6n = 18 \Rightarrow n =$	$7n = 42 \Rightarrow n =$
b) $4n = 32$	$8n = 56$	$7n = 63$
c) $9n = 36$	$6n = 36$	$2n = 50$
d) $7n = 28$	$7n = 56$	$9n = 45$
e) $n \cdot 6 = 48$	$n \cdot 6 = 54$	$n \cdot 8 = 72$
f) $42 = n \cdot 6$	$30 = n \cdot 5$	$49 = n \cdot 7$
g) $24 = n \cdot 3$	$56 = n \cdot 7$	$63 = n \cdot 9$
h) $40 = 8n$	$35 = 5n$	$30 = 6n$
i) $36 : n = 4$	$35 : n = 7$	$42 : n = 6$
j) $54 : n = 9$	$56 : n = 8$	$63 : n = 9$
k) $72 : n = 8$	$48 : n = 6$	$54 : n = 6$

Resp: **66** a) 72; 78; 104   b) 108; 135; 144   c) 145; 140; 150   d) 168; 174; 161   e) 175; 162; 182   f) 184; 200; 196   g) 208; 216; 207   h) 225; 234; 252   **67** a) 75; 51; 36; 54   b) 64; 52; 80; 90   c) 68; 95; 72; 76   d) 85; 78; 84; 105   e) 91; 96; 108; 98   f) 112; 114; 120; 104   g) 119; 144; 171; 136   **68** a) 36; 45; 42; 48;   b) 52; 54; 64; 51   c) 60; 68; 57; 72   d) 60; 65; 76; 72   e) 78; 70; 75; 84   f) 90; 80; 85; 108   g) 102; 84; 91; 96   h) 108; 117; 98; 104   **69** a) 54; 48 ; 140; 135   b) 144; 105; 144; 126   c) 180; 175; 120; 280   d) 150; 126; 192; 315   **70** a) 15; 16; 18; 19; 13   b) 17; 14; 13; 3; 3   c) 5; 3; 5; 3; 7

76 Determinar o valor de n de modo a obter sentença verdadeira, nos casos:

a) n : 4 = 8 ⇒ n =	n : 7 = 6	n : 7 = 5
b) n : 8 = 7	n : 6 = 9	n : 5 = 9
c) 8 = n : 4	9 = n : 5	8 = n : 9
d) 3 = n : 8	7 = n : 4	9 = n : 3
e) 5 = 40 : n	6 = 42 : n	7 = 56 : n
f) 8 = 64 : n	9 = 54 : n	7 = 63 : n
g) $\dfrac{n}{8} = 6$	$\dfrac{n}{7} = 9$	$\dfrac{n}{6} = 9$
h) $\dfrac{56}{n} = 7$	$\dfrac{72}{n} = 8$	$\dfrac{45}{n} = 9$
i) $\dfrac{n}{8} = 6$	$4 = \dfrac{n}{7}$	$8 = \dfrac{n}{8}$
j) $8 = \dfrac{56}{n}$	$6 = \dfrac{42}{n}$	$8 = \dfrac{48}{n}$

77 Simplificar as seguintes expressões:

a) (40 : 5) : 2 = 8 : 2 = 4	(56 : 7) : 4 =	(80 : 2) : 5 =
b) 54 : (72 : 8) =	64 : (48 : 6) =	56 : (42 : 6) =
c) (90 : 2) : 9 =	(108 : 2) : 6 =	(84 : 2) : 7 =
d) (63 : 9) : 7 =	(48 : 8) · 9 =	(56 : 8) · 9 =
e) 8 · (45 : 5) =	7 · (42 : 7) =	6 · (72 : 8) =
f) 64 : (56 : 7) =	63 : (54 : 6) =	72 : (72 : 9) =

Observe os seguintes exemplos:

1) $2 \cdot (23) = 2(20 + 3) = 2 \cdot 20 + 2 \cdot 3 = 40 + 6 = 46$

2) $2\,(27) = 2(20 + 7) = 40 + 14 = 40 + \underbrace{10 + 4}_{\text{significado de vão 1}} = (4 + 1)10 + 4 = 50 + 4 = 54$

3) $3\,(28) = 3(20 + 8) = 60 + 24 = 60 + \underbrace{20 + 4}_{\text{significado de vão 2}} = (6 + 2)10 + 4 = 80 + 4 = 84$

Dispositivo prático:

1)
```
  2 3
x   2
─────
  4 6
```

2)
```
  ¹2 7
x    2
─────
  5 4
```
↑ 2 · 2 + 1 = 5

3)
```
  ²2 8
x    3
─────
  8 4
```
↑ 3 · 2 + 2 = 8

78 Efetuar as seguintes multiplicações:

a)
```
  2 1 3
x     3
```

b)
```
  3 2 1 4
x       2
```

c)
```
  4 3 2 1
x       3
```

d)
```
  4 5 3
x     3
```

e)
```
  5 2 7
x     4
```

f)
```
  5 7 8
x     6
```

g)
```
  5 4 3 2
x    6 2
```

h)
```
  6 4 7 8
x     9 8
```

i)
```
  5 6 4 0 7
x       5 6
```

j)
```
  5 9 8
x   8 7
```

k)
```
  6 7 9
x   9 9
```

l)
```
  7 8 6
x   8 7
```

Resp: **71** a) 9; 4; 5; 7   b) 8; 6; 6; 7   c) 6; 9; 8; 9   d) 8; 7; 9; 8   e) 15; 15; 22; 24   f) 25; 18; 32; 45   g) 1; 0; 1; 0
72 a) 3; 3; 8; 6   b) 7; 9; 8; 6   c) 9; 5; 4; 7   **73** a) 3; 6; 5; 7   b) 6; 5; 4; 6   c) 6; 7; 7; 9   d) 8; 9; 7; 9
e) 35; 42; 56; 49   f) 42; 36; 40; 54   g) 63; 64; 56; 48   h) 2; 2; 3; 4   i) 2; 2; 3; 3   j) 3; 5; 4; 7
74 a) 7; 5; 4; 8   b) 9; 7; 7; 6   c) 4; 8; 7; 8   d) 8; 6; 8; 9   e) 49; 28; 54; 45   f) 48; 63; 72; 56
75 a) 3; 3; 6;   b) 8; 7; 9   c) 4; 6; 25   d) 4; 8; 5   e) 8; 9; 9   f) 7; 6; 7   g) 8; 8; 7   h) 8; 7; 5
i) 9; 5; 7   j) 6; 7; 7   k) 9; 8; 9

11 – Divisão de números naturais

Dados os números naturais **D**, **d**, **Q** e **R**, com $d \neq 0$, se $D = Q \cdot d + R$ e $0 \leq R < d$, o dizemos que **D** dividido por **d** dá quociente **Q** e deixa resto **R**.

$$\begin{array}{c|c} \text{Dividendo} & \text{divisor} \\ \text{Resto} & \text{Quociente} \end{array} \Rightarrow \begin{array}{c|c} D & d \\ R & Q \end{array}$$

Exemplos:

1) $\begin{array}{r|l} 19 & 5 \\ -15 & 3 \\ \hline 4 & \end{array}$

$D = 19, d = 5, Q = 3, R = 4$
Note que $19 = 3 \cdot 5 + 4$ e $4 < 5$
$D = Q \cdot d + R$

2) $\begin{array}{r|l} 37 & 5 \\ -35 & 7 \\ \hline 2 & \end{array}$

$D = 37, d = 5, Q = 7, R = 2$
Note que $37 = 7 \cdot 5 + 2$ e $2 < 5$
$D = Q \cdot D + R$

3) $\begin{array}{r|l} 5 & 7 \\ -0 & 0 \\ \hline 5 & \end{array}$

$D = 5, d = 7, Q = 0$ e $R = 5$
Note que $5 = 0 \cdot 7 + 5, 5 < 7$
$D = Q \cdot d + R$

4) $\begin{array}{r|l} 28 & 4 \\ -28 & 7 \\ \hline 0 & \end{array}$

$D = 28, d = 4, Q = 7, R = 0$
Note que $28 = 7 \cdot 4 + 0$
$D = Q \cdot d + R$

Obs.: 1) Quando **D** é menor que **d**, o quociente é 0 e o resto é **D**
2) Quando $R = 0$ dizemos de **D** é múltiplo de **d** e que **d** é divisor de **D** e note que $D = Q \cdot d$.

---

79 Determinar o quociente e resto das seguintes divisões:

a) $\begin{array}{r|l} 13 & 5 \end{array}$

b) $\begin{array}{r|l} 27 & 4 \end{array}$

c) $\begin{array}{r|l} 59 & 6 \end{array}$

d) $\begin{array}{r|l} 39 & 7 \end{array}$

e) $\begin{array}{r|l} 45 & 7 \end{array}$

f) $\begin{array}{r|l} 63 & 9 \end{array}$

g) $\begin{array}{r|l} 5 & 9 \end{array}$

h) $\begin{array}{r|l} 5 & 23 \end{array}$

i) $\begin{array}{r|l} 17 & 43 \end{array}$

80 Determinar o quociente e resto das seguintes divisões:

a) 4 2 | 7

b) 5 3 | 8

c) 5 7 | 8

d) 1 6 | 1 5

e) 3 7 | 3 0

f) 2 | 1 3

g) 7 3 | 5

h) 4 5 9 | 8

i) 5 8 5 | 7

j) 3 6 2 8 | 5

k) 2 1 6 0 | 7

l) 6 5 5 2 | 9

m) 7 2 6 3 | 8

Resp: **76** a) 32; 42; 35   b) 56; 54; 45   c) 32; 45; 72   d) 24; 28; 27   e) 8; 7; 8   f) 8; 6; 9   g) 48; 63; 54
h) 8; 9; 5   i) 54; 28; 64   j) 7; 7; 6   **77** a) 4; 2; 8   b) 6; 8; 8   c) 5; 9; 6   d) 1; 54; 63
e) 72; 42; 54   f) 8; 7; 9   **78** a) 639   b) 6428   c) 12963   d) 1359   e) 2108
f) 3468   g) 336784   h) 634844   i) 3158792   j) 52026   k) 67221   l) 68382

81 Efetuar as seguintes divisões:

a) 2611 | 12

b) 8467 | 12

c) 51023 | 15

d) 90777 | 18

e) 6075 | 25

f) 147483 | 21

f) 77957 | 19

g) 131192 | 23

12 – Expressões com números naturais

Para simplificarmos um expressão devemos observar o seguinte:

I) Se na expressão houver apenas adição e subtração, estas operações são feitas na ordem em que aparecem, da esquerda para a direita.

Exemplos:

1) $\underline{25+9} - 14 - 7 =$
   $= \underline{34 - 14} - 7 =$
   $= 20 - 7 = 13$

2) $\underline{42 - 7} - 8 - 9 =$
   $= \underline{35 - 8} - 9 =$
   $= 27 - 9 = 18$

3) $\underline{45 + 6} - 9 - 13 =$
   $= \underline{51 - 9} - 13 =$
   $= 42 - 13 = 29$

II) Se na expressão houver multiplicação, divisão, adição e subtração, fazemos primeiramente as multiplicações e divisões e em seguida as adições e subtrações, como no caso anterior.

Exemplos:

1) $\underline{32 : 4} + 9 - 7 =$
   $= \underline{8 + 9} - 7 =$
   $= 17 - 7 = 10$

2) $\underline{3 \cdot 9} - \underline{56 : 7} - 11 =$
   $= \underline{27 - 8} - 11 =$
   $= 19 - 11 = 8$

3) $45 - \underline{3 \cdot 8} - \underline{63 : 7} =$
   $= 45 - 24 - 9 =$
   $= 21 - 9 = 12$

III) Se na expressão houver parênteses ( ), colchetes [ ] e chaves { }, efetuamos primeiramente as operações entre parêntes, eliminando-o, em seguida entre colchetes e entre chaves, nesta ordem.

Exemplo:

$56 : \{10 - [18 + 2 \cdot (36 - 30) - 24 : (12 - 4)] : (12 - 3)\} + 36 : 3 =$
$= 56 : \{10 - [18 + 2 \cdot 6 - 24 : 8] : 9\} + 12 =$
$= 56 : \{10 - [18 + 12 - 3] : 9\} + 12 =$
$= 56 : \{10 - 27 : 9\} + 12$
$= 56 : \{10 - 3\} + 12 = 56 : 7 + 12 = 8 + 12 = 20$

82 Simplificar as seguintes expressões:

a) $56 : 8 - 5 + 18 =$

b) $25 - 36 : 9 - 12 =$

c) $34 : 2 + 23 - 7 \cdot 5 =$

d) $7 \cdot 9 - 6 \cdot 7 - 45 : 5 =$

e) $54 : 9 + 63 : 7 + 4 \cdot 7 =$

f) $72 : 8 - 56 : 7 + 6 \cdot 7 =$

Resp: **79** a) Q = 2, R = 3 b) Q = 6, R = 3 c) Q = 9, R = 5 d) Q = 5, R = 4 e) Q = 6, R = 3 f) Q = 7, R = 0
g) Q = 0, R = 5 h) Q = 0, R = 5 i) Q = 0, R = 17 **80** a) Q = 6, R = 0 b) Q = 6, R = 5 c) Q = 6, R = 1
d) Q = 1, R = 1 e) Q = 1, R = 7 f) Q = 0, R = 2 g) Q = 14, R = 3 h) Q = 57, R = 3 i) Q = 83, R = 4
j) Q = 725, R = 3 k) Q = 308, R = 4 l) Q = 728, R = 0 m) Q = 907, R = 7

83 Simplificar as seguintes expressões:

a) $(50 : 2) : 5 + (54 : 2) : 9 + 22 =$

b) $(90 : 2) : 5 - (45 \cdot 2) : 10 + 7 \cdot 8 =$

c) $(4 \cdot 7) : 14 + 56 : (41 - 33) - 54 : 9 =$

d) $72 : (31 - 22) - (23 + 33) : 8 + 2 \cdot 19 =$

e) $(63 : 7) \cdot (46 - 19 \cdot 2) - 72 : (35 - 27) =$

f) $64 : (25 - 17) + 9 \cdot (60 : 15) - 81 : (63 : 7) =$

g) $(48 : 6 + 4 \cdot 16) : [36 : 2 - 100 : (40 - 5 \cdot 6)] =$

h) $[9 \cdot 6 + 90 : 3 + (6 \cdot 5 + 2 \cdot 9) : 2 - 4] : 4 - 1 =$

i) $\{(54 : 2) : (34 : 2 - 28 : 2) + 15 - 4[63 : 7 - 42 : (36 : 9 + 45 : 15)] + (31 - 100 : 5) \cdot (100 : 25)\} : (32 : 4) =$

j) $(5 \cdot 16 + 20) : 4 + (11 \cdot 4 + 5 \cdot 8) : 4 + 100 : \{56 : (60 : 4 - 56 : 8) - [(3 \cdot 8 + 5 \cdot 5) : 7 - (63 : 7 - 60 : 15)]\} =$

84 Obter o resultado de:

a) $(44 + 12) : (45 - 38)$

b) $(35 + 46) : (54 : 6)$

c) $(56 + 48) : (39 - 13)$

d) $\dfrac{22 + 23}{57 - 48} =$

e) $\dfrac{41 + 22}{21 - 12} =$

f) $\dfrac{46 + 62}{54 : 2} =$

g) $\dfrac{54 : (21 - 15)}{(34 - 7) : 9} =$

h) $\dfrac{150 : (30 : 10)}{81 : 9 + 16} =$

i) $\dfrac{45 + 38 : 2}{23 - 60 : 4} =$

j) $\dfrac{50 + 6 \cdot 8}{56 : 8 + 42} =$

k) $\dfrac{\dfrac{48 - 48:2}{54:6-6} + \dfrac{64:2-2}{36:4-4}}{\dfrac{20+3\cdot 8}{27-69:3} - \dfrac{20+72:9}{84:4-14}} = \dfrac{\rule{2cm}{0.4pt} + \rule{2cm}{0.4pt}}{\rule{2cm}{0.4pt} - \rule{2cm}{0.4pt}} = \dfrac{\rule{1cm}{0.4pt} + \rule{1cm}{0.4pt}}{\rule{1cm}{0.4pt} - \rule{1cm}{0.4pt}} = \dfrac{\rule{1cm}{0.4pt}}{\rule{1cm}{0.4pt}} =$

l) $\dfrac{\dfrac{51+39:3}{20-36:2} + \dfrac{36:3+20}{17-54:6}}{\dfrac{42+21:7}{60:4-6} - \dfrac{4\cdot 13-5\cdot 8}{3\cdot 9-45:3}} + \dfrac{\dfrac{7\cdot 7+20}{9\cdot 5-6\cdot 7}}{\dfrac{3\cdot 12+28:7}{4\cdot 13-50}} - \dfrac{\dfrac{47+63:7}{3\cdot 14-5\cdot 7}}{\dfrac{78:2-5}{6\cdot 6-2\cdot 17}} - \dfrac{\dfrac{5\cdot 12-15}{3\cdot 17-6\cdot 8}}{\dfrac{3\cdot 16+4\cdot 6}{4\cdot 14-3\cdot 16}} + \dfrac{\dfrac{3\cdot 9+2\cdot 27}{3\cdot 15-2\cdot 18}}{\dfrac{4\cdot 21+16}{5\cdot 16-60}} =$

Resp: **81** a) Q = 217, R = 7   b) Q = 705, R = 7   c) Q = 3401, R = 8   d) Q = 5043, R = 3   e) Q = 243, R = 0
f) Q = 7023, R = 0   g) Q = 4103, R = 0   h) Q = 5704, R = 0   **82** a) 20   b) 9   c) 5   d) 12   e) 43   f) 43

85 Simplificar as seguintes expressões:

a) 2 + 3 {36 – 2 [26 – 2 (3 + 26 : 13) – 25 : (9 – 32 : 8)] + 18 : [16 – 7 (48 : 6 – 56 : 8)]} =

b) 94 – 4 {99 – 56 : (63 : 9 + 3 · 7) – 5 [90 – 7 (61 – 48 : 6 – 6 · 7)] – 70 : 5} – 64 : (20 + 12) =

c) 7 · {(100 – 44) : [24 – (34 : 2)] – 5 [37 – 2(42 : 7 – 75 : 25)(54 : 9)]} – 60 : 5 =

86 Determinar os seguintes produtos:

a) 3 · 10 =	, 3 · 4 =	, 3 · 14 =	b) 4 · 10 =	, 4 · 3 =	, 4 · 13 =
c) 3 · 10 =	, 3 · 6 =	, 3 · 16 =	d) 3 · 10 =	, 3 · 7 =	, 3 · 17 =
e) 4 · 10 =	, 4 · 7 =	, 4 · 17 =	f) 3 · 10 =	, 3 · 8 =	, 3 · 18 =
g) 4 · 18 =	4 · 19 =	5 · 12 =	5 · 13 =		5 · 14 =
h) 6 · 12 =	6 · 13 =	5 · 16 =	5 · 17 =		6 · 14 =
i) 6 · 16 =	5 · 18 =	5 · 19 =	6 · 17 =		6 · 18 =
j) 7 · 12 =	7 · 13 =	6 · 19 =	7 · 14 =		7 · 16 =
k) 8 · 12 =	8 · 13 =	8 · 14 =	8 · 16 =		9 · 13 =

87 Determinar os seguintes quocientes:

a) 36 : 3 =	48 : 4 =	60 : 5 =	72 : 6 =	84 : 7 =
b) 34 : 2 =	51 : 3 =	54 : 3 =	57 : 3 =	42 : 3 =
c) 52 : 4 =	65 : 5 =	70 : 5 =	80 : 5 =	90 : 5 =
d) 78 : 6 =	84 : 6 =	96 : 6 =	91 : 7 =	98 : 7 =
e) 96 : 8 =	104 : 8 =	117 : 9 =	68 : 4 =	76 : 4 =

88 Completar de modo que a setença obtida seja verdadeira, nos casos:

a) 5 + = 13	16 − = 9	8 = 20 −	23 = 14 +
b) + 13 = 25	− 13 = 11	− 14 = 18	+ 9 = 22
c) 27 = + 12	37 = − 6	51 = + 16	48 = − 13
d) · 9 = 63	: 8 = 6	9 = : 8	56 = · 8
e) 54 = 9 ·	8 = 56 :	51 = 3 ·	4 = 48 :
f) $\dfrac{45}{\;\;\;}= 9$	$\dfrac{\;\;\;}{3} = 12$	$4 = \dfrac{32}{\;\;\;}$	$6 = \dfrac{\;\;\;}{9}$

Resp: **83** a) 30 b) 56 c) 3 d) 39 e) 63 f) 35 g) 9 h) 25 i) 7 j) 66
84 a) 8 b) 9 c) 4 d) 5 e) 7 f) 4 g) 3 h) 2 i) 8 j) 2 k) 2 l) 8

89 Determinar o valor do número natural **n** de modo que para o valor determinado a sentença obtida seja verdadeira, nos casos:

a) $n + 18 = 25 \Rightarrow n =$	$n - 7 = 10 \Rightarrow n =$	$n - 12 = 8 \Rightarrow n =$
b) $7 + n = 22 \Rightarrow n =$	$25 - n = 12 \Rightarrow n =$	$33 - n = 19 \Rightarrow n =$
c) $18 = n + 12 \Rightarrow n =$	$17 = n - 13 \Rightarrow n =$	$13 = n - 8 \Rightarrow n =$
d) $18 = 7 + n \Rightarrow n =$	$42 = 55 - n \Rightarrow n =$	$17 = 31 - n \Rightarrow n =$
e) $n \cdot 5 = 35 \Rightarrow n =$	$7 \cdot n = 42 \Rightarrow n =$	$8n = 40 \Rightarrow n =$
f) $n : 6 = 8 \Rightarrow n =$	$24 : n = 8 \Rightarrow n =$	$45 : n = 5 \Rightarrow n =$
g) $54 = 6n \Rightarrow n =$	$7 = 35 : n \Rightarrow n =$	$8 = 56 : n \Rightarrow n =$
h) $36 = n \cdot 9 \Rightarrow n =$	$9 = 63 : n \Rightarrow n =$	$4 = 28 : n \Rightarrow n =$
i) $8 = n : 4 \Rightarrow n =$	$72 = n \cdot 8 \Rightarrow n =$	$7 = n : 8 \Rightarrow n =$
j) $\dfrac{36}{n} = 4 \Rightarrow n =$	$\dfrac{48}{n} = 6 \Rightarrow n =$	$\dfrac{n}{7} = 6 \Rightarrow n =$
k) $\dfrac{n}{8} = 8 \Rightarrow n =$	$7 = \dfrac{35}{n} \Rightarrow n =$	$8 = \dfrac{56}{n} \Rightarrow n =$
l) $6 = \dfrac{n}{6} \Rightarrow n =$	$12 = \dfrac{n}{2} \Rightarrow n =$	$9 = \dfrac{n}{8} \Rightarrow n =$

De acordo com os exercícios anteriores, notamos que podemos mentalmente, em muitos casos, determinar:

I) Uma parcela, dadas a outra e a soma:

$n + 5 = 12 \Rightarrow n = 7,$ $16 = n + 4 \Rightarrow n = 12,$ $21 = 7 + n \Rightarrow n = 14$

II) Um fator, dados o outro e o produto:

$n \cdot 5 = 20 \Rightarrow n = 4,$ $42 = n \cdot 6 \Rightarrow n = 7,$ $54 = 9 \cdot n \Rightarrow n = 6$

III) O minuendo ou subtraendo, dados um deles e a diferença:

$n - 7 = 15 \Rightarrow n = 22,$ $17 - n = 12 \Rightarrow n = 5,$ $12 = 25 - n \Rightarrow n = 13$

IV) O dividendo ou o divisor, na divisão exata, dado um deles e o quociente:

$n : 5 = 3 \Rightarrow n = 15,$ $18 : n = 6 \Rightarrow n = 3,$ $7 = n : 5 \Rightarrow n = 35,$

$\dfrac{n}{5} = 6 \Rightarrow n = 30,$ $\dfrac{45}{n} = 9 \Rightarrow n = 5,$ $7 = \dfrac{n}{9} \Rightarrow n = 63$ e $6 = \dfrac{54}{n} \Rightarrow n = 9$

Desta forma podemos determinar números naturais n, x, a,... inicialmente desconhecidos, como veremos nos seguintes exemplos:

Exemplos:

1) $40 - (3n - 4) = 20$
   $3n - 4 = 20$
   $3n = 24$
   $\boxed{n = 8}$

2) $\dfrac{36}{19 - 5n} = 4$
   $19 - 5n = 9$
   $5n = 10$
   $\boxed{n = 2}$

3) $16 - \dfrac{24}{16 - 7n} = 4$
   $\dfrac{24}{16 - 7x} = 12$
   $16 - 7x = 2$
   $7x = 14 \Rightarrow \boxed{x = 2}$

Obs.: As propriedades que usamos, mentalmente, para resolver estes exemplos, podem ser formalizadas da seguinte forma:

I) Em uma adição, cada parcela é igual à diferença entre a soma e a outra.
   $a + b = s \Rightarrow a = s - b$ e $b = s - a$
   $n + 8 = 15 \Rightarrow n = 15 - 8 \Rightarrow \boxed{n = 7}$, $\quad 5 + x = 12 \Rightarrow x = 12 - 5 \Rightarrow \boxed{x = 7}$

II) Em uma subtração, o minuendo (M) é igual à soma da diferença (d) com o subtraendo (S) e o subtraendo (S) é a diferença entre o minuendo (M) e a diferença (d).
   $M - S = d \Rightarrow M = d + S$ e $M - S = d \Rightarrow S = M - d$
   $n - 7 = 10 \Rightarrow n = 10 + 7 \Rightarrow \boxed{n = 17}$, $\quad 8 - x = 3 \Rightarrow x = 8 - 3 \Rightarrow \boxed{x = 5}$

III) Em uma multiplicação com produto não nulo, cada fator é igual ao quociente entre o produto e o outro fator.
   $ab = p \Rightarrow a = p : b = \dfrac{p}{b}$ e $b = p : a = \dfrac{p}{a}$
   $n \cdot 5 = 20 \Rightarrow n = 20 : 5 \Rightarrow \boxed{n = 4}$, $\quad 4x = 28 \Rightarrow x = 28 : 4 \Rightarrow \boxed{x = 7}$

IV) Em uma divisão exata (o dividendo é múltiplo do divisor) com quociente não nulo, o dividendo é o produto do quociente pelo divisor, e o divisor é o quociente entre o dividendo e o quociente.
   $D : d = Q \Rightarrow D = Q \cdot d$ e $d = \dfrac{D}{Q}$
   $n : 2 = 5 \Rightarrow n = 5 \cdot 2 \Rightarrow \boxed{n = 10}$, $\quad 35 : x = 7 \Rightarrow x = \dfrac{35}{7} \Rightarrow \boxed{x = 5}$

90 Determinar o valor da incógnita, que torna a sentença verdadeira, nos casos:

a) $5x - 13 = 12$

b) $8x + 23 = 47$

c) $7x - 13 = 43$

d) $\dfrac{7x - 1}{8} = 6$

e) $\dfrac{2x + 20}{11} = 2$

f) $\dfrac{3x + 2}{25} = 2$

Resp: **85** a) 50 b) 20 c) 9   **86** a) 30; 12; 42   b) 40; 12; 52   c) 30; 18; 48   d) 30; 21; 51   e) 40; 28; 68   f) 30; 24; 54
g) 72; 76; 60; 65; 70   h) 72; 78; 80; 85; 84   i) 96; 90; 95; 102; 108   j) 84; 91; 114; 98; 112   k) 96; 104; 112; 128; 117
87 a) 12; 12; 12; 12; 12   b) 17; 17; 18; 19; 14   c) 13, 13, 14, 16, 18   d) 13, 14, 16, 13, 14   e) 12; 13; 13; 17; 19
88 a) 8; 7; 12; 9   b) 12; 24; 32; 13   c) 15; 43; 35; 61   d) 7; 48; 72; 7   e) 6; 7; 17; 12   f) 5; 36; 8; 54

91 Determinar o que se pede em cada item:

a) a + b + 40, sabendo que
   a + b = 180.

b) a + b + x + y, sabendo que
   a + b = 240 e x + y = 160.

c) x, sabendo que x + y = 80 e y = 30.

d) n, sabendo que x = 48 e n + x = 60.

e) x + y, sabendo que z = 210
   e x + y + z = 480.

f) x – y, sabendo que a = 70
   e a + x – y = 220.

92 O **dobro** de um número é igual a ele multiplicado por 2, o **triplo** de um número é ele multiplicado por 3, o **quádruplo** e o **quíntuplo** são iguais a ele multiplicado, respectivamente, por 4 e 5.
Nestas condições, determinar:

a) O dobro de 15

b) O triplo de 20

c) O quádruplo de 9

d) O triplo de 347

e) O quádruplo de 381

f) O quíntuplo de 286

g) O triplo do dobro de 749

h) O quádruplo do quíntuplo de 943

93 A **metade** de um número é igual a ele dividido por 2, a **terça parte** é igual a ele dividido por 3, a **quarta parte** é igual a ele dividido por 4, e assim por diante. Nestas condições, determinar:

a) A metade de 150	b) A terça parte de 210	c) A quarta parte de 320
d) A terça parte de 7380	e) A quinta parte de 7685	f) A sétima parte de 53214

g) A terça parte da metade de 45714.
   Obs.: Pode-se dividir por 2 e em seguida por 3, ou diretamente por 6

---

94 Resolver:

a) João pagou 5 prestações de R$ 478,00 por uma bicicleta. Quando ele gastou nesta compra?	b) Lucas comprou 7 garrotes, sendo R$ 2270,00 o preço de cada um. Quanto Lucas gastou?
c) Mariana quer colocar 17 balas em cada um dos 48 copinhos disponíveis. Quantas balas serão necessárias para ela fazer isto?	d) Uma industria consome 83 sacas de 18 Kg de milho por dia. Quantos quilos ela consome por dia?

Resp: **89** a) 7; 17; 20   b) 15; 13;14   c) 6; 30; 21   d) 11; 13; 14   e) 7; 6; 5   f) 48; 3; 9   g) 9; 5; 7   h) 4; 7; 7
i) 32; 9; 56   j) 9; 8; 42   k) 64; 5; 7   l) 36; 24; 72   **90** a) 5   b) 3   c) 8   d) 7   e) 1   f) 16

95 Resolver:

a) Mário conseguiu em 7 parcelas iguais, comprar um televisor de R$ 3255,00. Qual é o valor de cada parcela?

b) Tio Paulo quer distribuir R$ 2760,00 entre seus 8 sobrinhos. Quanto receberá cada um?

c) Para produzir mudas, Antônio colocou 9 sementes em cada vaso. Com 1863 sementes, quantos vasos de mudas ele produz?

d) Quantas caixas que acomodam uma dúzia cada, serão necessárias para acomodar 468 ovos?

e) Em uma industria cada máquina produz 14 peças por dia. Quantas máquinas devem ser usadas para que a produção seja de 714 peças?

f) Uma experiência consome 13 litros de água por dia. 2717 litros darão para fazer esta experiência durante quantos dias?

g) Para embalar bombons uma fábrica dispõe de caixas que acomodam 3 fileiras de 6 bombons. Quantas destas caixas serão necessárias para embalar 5490 bombons?

h) João comprou 42 caixas de 28 laranjas e 18 de 32 laranjas. Quantas caixas que comportam 24 laranjas serão necessários para acomodar todas essas laranjas?

i) Em uma escola há 12 salas de 48 alunos e 17 salas de 28 alunos, quantos alunos há nesta escola?

96 Resolver:

a) Uma escola distribui 1020 alunos em 27 salas. Se em 15 delas já foram colocados 32 alunos por sala, em números iguais, quantos alunos serão colocadas em cada uma das outras?

b) Em um dia uma loja vendeu 44 pares de tênis de dois modelos, obtendo nesta venda R$ 12300,00. Se 25 pares era do modelo de R$ 245,00, qual o preço do par do outro modelo?

97 Uma arroba tem 15 quilogramas (1 arroba = 15 kg).

a) Quantas kg tem um boi de 34 arrobas?

b) Quantas arrobas tem um boi de 705 kg?

c) Quantas arrobas tem um elefante de 3435 kg?

98 Uma hora tem 60 minutos e 1 minuto tem 60 segundos (1h = 60min, 1min = 60s)

a) Quantos minutos há em 12 horas?

b) Quantos minutos há em 1 semana (7dias)?

c) Quantos segundos há em 1 dia (24 horas)?

Resp: **91** a) 220 b) 400 c) 50 d) 12 e) 270 f) 150 **92** a) 30 b) 60 c) 36 d) 1041
e) 1524 f) 1430 g) 4494 h) 18860 **93** a) 75 b) 70 c) 80 d) 2460 e) 1537
f) 7602 g) 7619 **94** a) R$ 2390,00 b) R$ 15890,00 c) 816 balas d) 1494 kg

99 Resolver:

a) Quantas horas há em 2880 minutos?

b) Quantos minutos há em 780 segundos?

c) Quantos horas há em 25200 segundos?

d) Um viagem durou 500 minutos. Dar este tempo em horas e minutos.

e) Em uma semana um atleta profissional treinou 1960 minutos. Quantas horas e minutos ele treinou?

f) Um estudante estudou 3180 minutos para fazer uma prova. Quantas horas ele estudou?

g) Um automóvel gasta 1 litro de gasolina para percorrer 13 km Quantos quilômetros ele pecorrerá gastando 14 litros?

h) Um veículo que faz 18 km com 1 litro de combustível, vai gastar quantos litros para percorrer 414 km?

i) A cada dia um operário faz 17 metros de uma determinada cerca. No mesmo ritmo, quantos dias ele gastaria para fazer 221m desta cerca?

j) Uma livraria comprou 55 exemplares de uma obra ao custo de R$ 42,00 por exemplar e comprou 65 exemplares de outra obra, gastando nestas duas compras R$ 5235,00. Determinar o custo de cada exemplar da 2ª obra e o lucro obtido na venda dos dois lotes, se cada exemplar da 1ª será vendido por R$ 67,00 e da 2ª por R$ 73,00.

Em alguns problemas é conveniente indicarmos um número natural a ser determinado, que é chamado incógnita, por **n**, ou por **x**, etc e precisamos as vezes pegar o **dobro dele**, o **triplo dele**, a **metade dele**, a **terça parte dele**, ele somado com outro, etc. Embora este assunto será retomado de forma mais completa no próximo ano, é importante vermos alguns exemplos.

Observações:

1) Assim como o **dobro** de 7 e o **triplo** de 7 indicamos por 2 · 7 e 3 · 7, sendo n um número natural, escrevemos:

$$\boxed{\text{O dobro de } n = 2 \cdot n} \qquad \boxed{\text{O triplo de } n = 3 \cdot n}$$

2) Assim como a **metade** de 18 e a **terça parte** de 18 indicamos por 18 : 2 e 18 : 3, sendo x um número natural, escrevemos:

$$\boxed{\text{A metade de } x = x : 2 = \frac{x}{2}} \qquad \boxed{\text{A terça parte de } x = x : 3 = \frac{x}{3}}$$

3) Assim como a metade e o triplo da soma de 7 com 5 indicamos por $(7+5) : 2 = \frac{7+5}{2}$ e $3(7+5)$, sendo n um número natural, escrevemos:

$$\boxed{\begin{array}{l} \text{A metade da soma de n com } 5 = (n+5) : 2 = \frac{n+5}{2} \\ \text{O triplo da soma de n com } 5 = 3 \cdot (n+5) \end{array}}$$

4) Assim como um número somado com o dobro dele dá o triplo dele e indicamos, para o número 7, por exemplo, por 7 + 2 · 7 = 3 · 7, sendo n um número natural, escrevemos:

$$\boxed{\text{A soma de n com o dobro de } n = n + 2 \cdot n = 3 \cdot n}$$

Da mesma forma: $\boxed{n + 3n = 4n;\ n + 4n = 5n,\ 2n + 3n = 5n \text{ e } 3n + 4n = 7n}$

100 Em cada caso considerar como sendo **n** o número natural incógnito e representar o que se pede.

a) A soma de um número com 9	b) O produto de um número por 8	c) O quociente de um número por 7
d) O dobro de um número	e) O triplo de um número	f) A metade de um número
g) O quíntuplo da soma de um número com 9	h) A metade da soma de um número com 10	i) A terça parte do dobro de um número

Resp: **95** a) R$ 465,00 b) R$ 345,00 c) 207 d) 39 caixas e) 51 máquinas f) 209 dias g) 305 caixas
h) 73 caixas i) 1052 alunos **96** a) 45 alunos b) R$ 325,00 **97** a) 510 kg b) 47 arrobas
c) 229 arrobas **98** a) 720 min. b) 10080 min. c) 86400 s.

101 Sendo n, x, a, ... números naturais, simplificar as seguintes expressões:

a) n + 2n =	2a + 3a =	x + x =
b) y + 3y =	5n + 3n =	3a + a =
c) 4n + n =	6n + n =	2a + a =
d) n + 2n + 3n =	x + 4x + 5x =	y + 2y + 3y =
e) a + a + a + 2a =	x + x + 3x + x =	5n + 4n + n + n =

102 Agrupando os termos com incógnitas e os números conhecidos, simplificar as expressões:

a) x + x + x + 1 + 1 + 1 =	b) x + x + 2 + 3 + 4 =	c) x + 2x + 5 + 7 =
d) x + 5 + x + 8 + x =	e) x + 2 + 3x + 4 + 5x =	f) 7 + x + x + 13 + 4x =
g) 8 + 7 + a + 5 + 2a =	h) 8n + 7n + 13 + 9 + n =	i) 8 + 3 + n + 2 + 2n + n =

103 Determinar o valor da incógnita, nos casos:

a) n + 7 = 9 ⇒ n =	n − 3 = 5 ⇒ n =	5 + n = 12 ⇒ n =
b) 3 · n = 15 ⇒ n =	7 · x = 35 ⇒ x =	a · 8 = 40 ⇒ a =
c) 18 : n = 6 ⇒ n =	24 : n = 3 ⇒ n =	56 : n = 7 ⇒ n =
d) n : 9 = 4 ⇒ n =	n : 7 = 6 ⇒ n =	n : 8 = 6 ⇒ n =
e) $\frac{x}{5} = 8$ ⇒ x =	$\frac{a}{2} = 25$ ⇒ a =	$\frac{y}{2} = 35$ ⇒ y =
f) $\frac{28}{a} = 7$ ⇒ a =	$\frac{54}{x} = 6$ ⇒ x =	$\frac{63}{n} = 9$ ⇒ n =
g) n − 20 = 32 ⇒ n =	n + 80 = 150 ⇒ n =	a : 3 = 12 ⇒ a =
h) 23 · n = 69 ⇒ n =	n · 5 = 60 ⇒ n =	45 : n = 15 ⇒ n =

104 Determinar o valor da incógnita, nos casos:

a) x + x + x + x = 32

b) a + 2a + 3a = 30

c) 5a + 2a = 70 − 35

d) 3x + x + x = 52 − 7

e) 5x + x + x = 63 − 14

f) x + x + 4x = 60 − 6

g) x + 2x + 7 + 8 = 27

h) 4x + x + 25 − 18 = 32

i) 36 − 8 + x + 6x = 49

j) n + 14 + 2n − 8 = 35 − 8

k) 18 + n − 4 + 3n = 38 − 12

l) 7n + 25 + 2n + 2 = 81

105 Simplificar as seguintes expressões:

a) 5 − 3 =

b) 5n − 3n =

c) 8n − 3n =

e) 7 − 6 =

f) 7n − 6n =

g) 5n − 4n =

h) 3x − 2x =

i) 2a − a =

j) 2x − x =

k) 2y − y =

l) 2n − n =

m) 6x − 5x =

106 Determinar o valor da incógnita, nos casos:

a) 7x − 2x = 35

b) 8x − 5x = 60

c) 6x − x = 35

d) 3n − n = 42

e) 2n − n = 18 − 9

f) 2a − a = 47 − 35

Resp: **99** a) 48 h b) 13 min. c) 7 h d) 8h20 min. e) 32h40 min. f) 53 h g) 182 km h) 23 L i) 13 dias j) R$ 45,00; R$ 3195,00 **100** a) n + 9 b) n · 8 c) n : 7 = $\frac{n}{7}$ d) 2n e) 3n f) n : 2 = $\frac{n}{2}$ g) 5 (n + 9) h) (n + 10) : 2 = $\frac{n+10}{2}$ i) (2n) : 3 = $\frac{2n}{3}$

107 Determinar o valor da incógnita, nos casos:

a) $7 \cdot x = 35$

b) $x \cdot 6 = 42$

c) $x : 8 = 3$

d) $40 : x = 8$

e) $7 \cdot n = 63$

f) $n \cdot 5 = 45$

g) $n : 3 = 20$

h) $80 : n = 20$

i) $\dfrac{a}{6} = 8$

j) $\dfrac{50}{a} = 10$

k) $5 = \dfrac{35}{a}$

l) $7 = \dfrac{a}{9}$

m) $x + x + x + 36 = 156$

n) $x + 2x + 3x - 20 = 100$

o) $30 + 4x + 3x = 65$

p) $x + x + 1 + x + 2 = 243$

q) $x + x + 2 + x + 4 = 483$

r) $2 + x + 4 + x = 256$

s) $\dfrac{x + 25}{2} = 15$

t) $\dfrac{x - 120}{3} = 10$

u) $\dfrac{x}{3} + 20 = 50$

108 Escolher uma letra para representar o número em questão e representar o que se pede, nos casos:

a) A soma de um número com o seu dobro e o seu triplo.

b) A metade da soma do triplo deste número com 7.

c) O dobro da terça parte da diferença entre um número e 17.

d) A soma de três números naturais consecutivos.

e) A soma de três números pares consecutivos.

f) O triplo da soma de dois números ímpares consecutivos.

Exemplos:

1) A diferença entre o quíntuplo e o a dobro de um número é 45. Qual é esse número?

   Sendo n este número, temos:

   $5n - 2n = 45 \Rightarrow$

   $3n = 45$

   $\boxed{n = 15}$

2) A idade de Paulo é o triplo da idade de João. Se soma de suas idades é 36, quais são essas idades?

   Sendo n a de João, a de Paulo será 3n. Então:

   $n + 3n = 36 \Rightarrow 4n = 36 \Rightarrow n = 9$

   9 anos e 3(9) = 27 anos

   Resposta: João tem 9 anos e Paulo 27 anos

109 Resolver:

a) A idade de João é o dobro da idade de Maria e juntos eles têm 63 anos. Quantos anos tem Maria?

b) A idade de José é o triplo da idade de Carlos e a soma das idades deles é 96 anos. Quantos anos tem José?

c) A soma de um número com o seu dobro e o seu triplo é 354. Qual é esse número?

d) A metade da soma de um número com 18 dá 40. Qual é esse número?

e) A soma da metade de um número com 18 é igual a 40. Qual e este número?

f) A terça parte da soma de um número com 9 dá 15. Qual é este número?

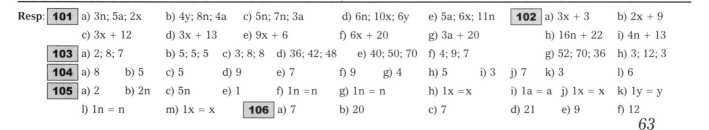

Resp: **101** a) 3n; 5a; 2x   b) 4y; 8n; 4a   c) 5n; 7n; 3a   d) 6n; 10x; 6y   e) 5a; 6x; 11n   **102** a) 3x + 3   b) 2x + 9   c) 3x + 12   d) 3x + 13   e) 9x + 6   f) 6x + 20   g) 3a + 20   h) 16n + 22   i) 4n + 13
103 a) 2; 8; 7   b) 5; 5; 5   c) 3; 8; 8   d) 36; 42; 48   e) 40; 50; 70   f) 4; 9; 7   g) 52; 70; 36   h) 3; 12; 3
104 a) 8   b) 5   c) 5   d) 9   e) 7   f) 9   g) 4   h) 5   i) 3   j) 7   k) 3   l) 6
105 a) 2   b) 2n   c) 5n   e) 1   f) 1n = n   g) 1n = n   h) 1x = x   i) 1a = a   j) 1x = x   k) 1y = y   l) 1n = n   m) 1x = x   **106** a) 7   b) 20   c) 7   d) 21   e) 9   f) 12

110 Resolver:

a) A soma da terça parte de um número com 9 dá 15. Qual é esse número?

b) A metade de um número **somada** com 13 dá 20. Qual é este número?

c) A metade de um número **somado** com 13 dá 20. Qual é esse número?

d) A terça parte de um número somada com 9 dá 24. Qual é esse número?

e) A terça parte de um número somado com 9 dá 24. Qual é esse número?

f) A terça parte da soma do dobro de um número com 9 dá 13. Qual é esse número?

g) A soma de dois números é 154 e um deles é igual ao dobro do triplo do outro. Quais são esses números?

h) A diferença entre dois números é 168 e o maior deles é igual ao triplo do quíntuplo do outro. Quais são estes números?

111 Resolver:

a) A soma de dois números consecutivos é 91. Quais são eles?

b) A soma de dois números ímpares consecutivos é 132. Quais são eles?

c) A soma de dois números ímpares consecutivos é 264. Quais são eles?

d) A soma de três números consecutivos é 339. Quais são eles?

e) A soma de três números pares consecutivos é 732. Quais são eles?

f) A soma de três números ímpares consecutivos é 1029. Quais são eles?

g) Tio João vai dividir 302 figurinhas entre Antônio, Bernardo e Carlos, de modo que Bernardo receba o dobro de Antônio, mais 21 figurinhas e Carlos o triplo de Antônio, mais 11 figurinhas. Quantas receberá cada um?

Resp: **107** a) 5   b) 7   c) 24   d) 5   e) 9   f) 9   g) 60   h) 20   i) 48   j) 5   k) 7
l) 63   m) 40   n) 20   o) 5   p) 80   q) 159   r) 125   s) 5   t) 150   u) 90

108 a) $n + 2n + 3n$ b) $\dfrac{3x+7}{2}$ ou $(3x+7):2$ c) $2\left[\dfrac{x-17}{3}\right]$ ou $2[(x-17):3]$ d) $n + n + 1 + n + 2$
e) $n + n + 2 + n + 4$ f) $3(n + n + 2)$ **109** a) 21 anos   b) 72 anos   c) 59   d) 62   e) 44   f) 36

112 Resolver:

a) João tinha 5 anos quando seu irmão Paulo nasceu. Se a soma das idades deles daqui a 6 anos será 57 anos, quais são as idades dos irmãos?

b) O pai de Márcia e Fernanda dividiu R$ 875,00 entre elas, de modo que o que recebeu Fernanda excedeu o dobro do que recebeu Márcia em R$ 125,00 reais. Quanto recebeu cada uma?

c) Carolina, Eunice e Gabriela são vendedoras em uma loja e no final de um dia ganharam juntas R$ 880,00 de comissão, sendo que Carolina ganhou R$ 20,00 a mais que o dobro de Eunice e Gabriela R$ 40,00 a menos que o triplo de Eunice. Quando recebeu cada uma?

d) Raimundo tem três sobrinhos cujas idades somam 98 anos. O do meio tem idade igual a soma do dobro da idade do mais moço com 5 e o mais velho tem 3 anos a mais que o triplo do mais moço. Quais as idades dos sobrinhos de Raimundo?

113 Escrever todas as adições de números naturais cuja soma seja 9, sem comutar as parcelas (se escreveu 2 + 7, não é necessário escrever 7 + 2), e em seguida determinar dois números naturais cuja soma seja 9, nos casos:

9 =

a) A diferença entre eles é 5.	b) O produto deles é 8.	c) A diferença entre eles é 1.
d) O produto deles é 18.	e) A diferença entre eles é 7.	f) O produto dele é 14.

114 Escrever todas as adições de número naturais que dão 12, sem comutar, e determinar duas dessas parcelas, nos casos:

12 =

a) A diferença entre elas é 8.	b) O produto delas é 32.	c) A diferença entre elas é 6.
d) O produto delas é 35.	e) A diferença entre elas é zero.	f) O quociente entre elas é 3.
g) O produto delas é 0.	h) O quociente entre elas é 5.	g) A diferença entre elas é 2.

115 Escrever todas as multiplicações de números naturais cujo produto seja 24, sem comutar, e determinar dois desses fatores nos casos:

24 =

a) A soma deles é 14.	b) A diferença entre eles é 5.	c) O quociente entre eles é 6.
d) A soma deles é 11.	e) A diferença entre eles é 10.	f) A soma deles é 25.

116 Escrever todas as multiplicações de números naturais cujo produto seja 60, sem comutar, e determinar dois desses fatores de modo que:

60 =

a) A soma deles é 17.	b) A diferença entre eles é 11.	c) O quociente entre eles é 15.
d) A soma deles é 23.	e) A diferença entre eles é 4.	f) A diferença entre eles é 28.

Resp: **110** a) 18 b) 14 c) 27 d) 45 e) 63 f) 15 g) 22 e 132 h) 12 e 180

111 a) 45 e 46 b) 65 e 67 c) 131 e 133 d) 112, 113 e 114 e) 242, 244 e 246 f) 341, 343 e 345 g) 45; 111; 146

117 Em cada caso considerar dois números naturais onde **S** é a soma deles, **D** é a diferença, **P** é o produto e **Q** é o quociente entre eles. Determinar os dois números naturais que satisfazem a condição dada:

Fazer os cálculos mentalmente e escrever os resultados.

a) S = 7 e P = 10

b) S = 8 e P = 15

c) S = 10 e P = 16

d) S = 11 e P = 10

e) S = 11 e P = 18

f) S = 11 e P = 28

g) D = 2 e P = 48

h) D = 2 e P = 15

i) D = 4 e P = 21

j) D = 5 e P = 24

k) D = 5 e P = 36

l) D = 3 e P = 54

m) S = 20 e Q = 9

n) S = 20 e Q = 4

o) S = 30 e Q = 4

p) S = 18 e D = 2

q) S = 20 e D = 10

r) S = 20 e D = 4

s) S = 17 e P = 72

t) S = 13 e P = 40

u) S = 14 e P = 48

118 Determinar os números naturais a e b, com a ⩾ b, que satisfazem as condições dadas, nos casos:

a) $\begin{cases} a \cdot b = 15 \\ a + b = 8 \end{cases}$

b) $\begin{cases} a \cdot b = 28 \\ a + b = 11 \end{cases}$

c) $\begin{cases} a + b = 16 \\ a \cdot b = 60 \end{cases}$

d) $\begin{cases} a + b = 13 \\ a \cdot b = 42 \end{cases}$

e) $\begin{cases} a - b = 5 \\ ab = 36 \end{cases}$

f) $\begin{cases} a - b = 3 \\ ab = 54 \end{cases}$

g) $\begin{cases} a - b = 1 \\ ab = 56 \end{cases}$

h) $\begin{cases} a - b = 2 \\ ab = 63 \end{cases}$

i) $\begin{cases} a + b = 15 \\ a - b = 1 \end{cases}$

j) $\begin{cases} a + b = 15 \\ a - b = 3 \end{cases}$

k) $\begin{cases} a + b = 18 \\ a - b = 2 \end{cases}$

l) $\begin{cases} a + b = 23 \\ a - b = 7 \end{cases}$

m) $\dfrac{a}{b} = 2$ e $a \cdot b = 18$

n) $\dfrac{a}{b} = 2$ e $ab = 32$

o) $a : b = 5$ e $a - b = 28$

119 Resolver:

a) A soma das idades de João e Maria é 45 anos e a diferença entre as idades é 25 anos. Quais são as idades se João é o mais velho?

b) Em uma chácara há patos e marrecos, num total de 15 aves, com o número de patos maior que o de marrecos. Se o produto dos números de patos e de marrecos é 56, quantos patos e quantos marrecos há nesta chacará?

c) Carlos vai dividir 13 chaveiros entre dois sobrinhos de modo que o produto das partes que eles recebem seja 40. Quantos chaveiros cada um vai receber?

d) Fernando e Isabel digitaram 16 páginas de um trabalho escolar. Se o produto dos números de páginas que cada um digitou dá 64, quantas páginas cada um digitou?

e) Dois trabalhadores transportaram 60 fardos de feno, do campo até um depósito. Se um transportou 10 a mais que o outro, quantos fardos cada um transportou?

f) Mário leu 36 páginas a mais do que Nelson, de um livro indicado para um exame. Se o produto dos números de páginas que cada um leu é 160, quantas páginas cada um leu?

g) Escrever toda as multiplicações de 3 números naturais que dão o produto 72, sem comutar.

Resp: **112** a) 20 anos e 25 anos   b) Márcia R$ 250,00 e Fernanda R$ 625,00   c) Eunice recebeu R$ 150,00, Carolina R$ 320,00 e Gabriela R$ 410,00   d) 15 anos, 35 anos e 48 anos   **113** $9 = 0 + 9 = 1 + 8 = 2 + 7 = 3 + 6 = 4 + 5$

a) 7 e 2   b) 1 e 8   c) 5 e 4   d) 3 e 6   e) 8 e 1   f) 2 e 7   **114** $12 = 0 + 12 = 1 + 11 = 2 + 10 = 3 + 9 = 4 + 8 = 5 + 7 = 6 + 6$

a) 10 e 2   b) 4 e 8   c) 9 e 3   d) 5 e 7   e) 6 e 6   f) 9 e 3   g) 0 e 12   h) 10 e 2   g) 7 e 5

115 $24 = 1 \cdot 24 = 2 \cdot 12 = 3 \cdot 8 = 4 \cdot 6$ a) 2 e 12   b) 8 e 3   c) 12 e 2   d) 3 e 8   e) 12 e 2   f) 24 e 1

116 $60 = 1 \cdot 60 = 2 \cdot 30 = 3 \cdot 20 = 4 \cdot 15 = 5 \cdot 12 = 6 \cdot 10$ a) 5 e 12   b) 15 e 4   c) 30 e 2   d) 3 e 20   e) 10 e 6

f) 30 e 2   **117** a) 2 e 5   b) 3 e 5   c) 2 e 8   d) 1 e 10   e) 2 e 9   f) 4 e 7   g) 8 e 6   h) 5 e 3   i) 7 e 3

j) 8 e 3   k) 9 e 4   l) 9 e 6   m) 18 e 2   n) 16 e 4   o) 24 e 6   p) 10 e 8   q) 15 e 5   r) 12 e 8   s) 9 e 8

t) 8 e 5   u) 8 e 6   **118** a) a = 5; b = 3   b) a = 7, b = 4   c) a = 10, b = 6   d) a = 7, b = 6

e) a = 9, b = 4   f) a = 9, b = 6   g) a = 8, b = 7   h) a = 9 e b = 7   i) a = 8, b = 7   j) a = 9, b = 6

k) a = 10, b = 8   l) a = 15, b = 8   m) a = 6, b = 3   n) a = 8, b = 4   o) a = 35, b = 7

119 a) João tem 35 anos e Maria 10 anos   b) 8 patos e 7 marrecos   c) 5 e 8   d) 8 páginas cada um   e) 25 e 35

f) Mário 40 páginas e Nelson 4   g) O menor fator é 1 : $72 = 1 \cdot 1 \cdot 72 = 1 \cdot 2 \cdot 36 = 1 \cdot 3 \cdot 24 = 1 \cdot 4 \cdot 18 = 1 \cdot 6 \cdot 12 = 1 \cdot 8 \cdot 9$. O menor fator é 2 : $2 \cdot 2 \cdot 18 = 2 \cdot 3 \cdot 12 = 2 \cdot 4 \cdot 9 = 2 \cdot 6 \cdot 6$, o menor fator é 3 : $72 = 3 \cdot 3 \cdot 8 = 3 \cdot 4 \cdot 6$

III POTENCIAÇÃO E RADICIAÇÃO EM $\mathbb{N}$

1 – Algumas generalizações

1) A soma de parcelas iguais é igual ao produto do número de parcelas pela parcela que se repete.

$$\underbrace{7+7+7}_{21} = \underbrace{3\cdot 7}_{21}, \qquad \underbrace{5+5+5+5+5+5}_{30} = \underbrace{6\cdot 5}_{30}$$

$8 + 8 + 8 + 8 + 8 = 5 \cdot 8$ Note que $8 + 8 + 8 + 8 + 8 = 40$ e $5 \cdot 8 = 40$

Da mesma forma, obtemos:

$\underbrace{6+6+6}_{3 \text{ parcelas}} = 3 \cdot 6 = 18$ e $\underbrace{9+9+9+9+9}_{5 \text{ parcelas}} = 5 \cdot 9 = 45$

Então, para qualquer número natural **a**, temos:

$a + a + a = 3 \cdot a = 3a$, $a + a + a + a = 4 \cdot a = 4a$, $a + a + a + a + a = 5 \cdot a = 5a$

$3a = 3 \cdot a = 3$ vezes $a = 3$ vezes o número a = multiplicação de 3 por a.

Da mesma forma, para os números naturais b, c, n, x, y, ..., temos:

$b + b = 2b$, $c + c + c + c = 4c$, $n + n + n + n + n = 5n$, $x + x + x = 3x$

Usando a propriedade associativa para a adição fica fácil entender o significado de $3a + 2a$, $4a + a$, $3x + 7x$, etc

$a + a + a + a + a = 5a$ e $a + a + a + a + a = (a + a + a) + (a + a) = 3a + 2a$

Então: $3a + 2a = 5a$

$a + a + a + a + a = (a + a + a + a) + a = 4a + a = 5a$

Da mesma forma, obtemos:

$3x + 2x = 5x$, $5a + 2a = 7a$, $6a + 7a = 13a$, $5y + y = 6y$, $8n + n = 9n$.

2) O produto de fatores iguais pode ser representado de uma maneira que é chamado **potência**.

$\underbrace{2 \cdot 2 \cdot 2 \cdot 2 \cdot 2}_{\text{multiplicação}} = \underbrace{32}_{\text{produto}}$ $\underbrace{2 \cdot 2 \cdot 2 \cdot 2 \cdot 2}_{5 \text{ fatores iguais}} = \underbrace{2^5}_{\text{potência}}$

O fator que se repete é chamado base da potência e o número de fatores é o expoente.

Potência $\begin{cases} 2^5 \xleftarrow{\text{expoente}} \\ \text{base} \end{cases}$ $5 \cdot 5 \cdot 5 = 5^3 \xleftarrow{\text{expoente}}$ base

Da mesma forma, obtemos:

$2 \cdot 2 \cdot 2 = 2^3$, $5 \cdot 5 = 5^2$, $7 \cdot 7 = 7^2$, $3 \cdot 3 \cdot 3 \cdot 3 = 3^4$

Então, para qualquer número natural a, temos:

$a \cdot a = a^2$, $a \cdot a \cdot a = a^3$, $a \cdot a \cdot a \cdot a = a^4$, $a \cdot a \cdot a \cdot a \cdot a = a^5$, etc...

$$\underbrace{3 \cdot 3 \cdot 3 \cdot 3 \cdot 3 \cdot 3}_{6 \text{ fatores } 3} = \underbrace{3^6}_{\text{potência}}$$

Potência $\begin{cases} 3^6 \leftarrow \text{expoente} \\ \leftarrow \text{base} \end{cases}$

Leitura

3^6 = três à sexta = sexta potência de três

5^2 = segunda potência de 5 = cinco ao quadrado = quadrado de 6

5^3 = terceira potência de 5 = cinco ao cubo = cubo de 5.

5^4 = quarta potência de 5, 7^6 = sexta potência de 7, etc

Note que a **segunda** e a **terceira** potência de qualquer número podem ser lidas de outras forma:

a^2 = a ao quadrado = quadrado de a
a^3 = a ao cubo = cubo de a

2 – Definições:

1) Qualquer potência de base diferente de zero e expoente zero é igual a 1:

$$a \neq 0 \Rightarrow a^0 = 1$$

Exemplos: $2^0 = 1$, $3^0 = 1$, $1^0 = 1$, $7^0 = 1$, $23^0 = 1$, etc...

2) Qualquer potência de expoente 1 é igual à base: $a^1 = a$

Exemplos: $2^1 = 2$, $5^1 = 5$, $0^1 = 0$, $23^1 = 1$, etc

3) O produto de fatores iguais é indicado na forma de potência

$$\underbrace{a \cdot a \ldots a}_{n \text{ fatores}} = a^n$$

Exemplos: $3 \cdot 3 = 3^2, 5 \cdot 5 \cdot 5 = 5^3, 6 \cdot 6 \cdot 6 \cdot 6 \cdot 6 = 6^5$, etc

Para determinar o resultado de uma potência a transformamos em um produto de fatores iguais e efetuamos a multiplicação.

Exemplos: $12^2 = 12 \cdot 12 = 144,\quad 50^2 = 50 \cdot 50 = 2500$

120 Em cada caso é dado um potência. Dizer quem e base e quem é o expoente.

a) $5^3 \Rightarrow$ base =   , expoente = | b) $6^2 \Rightarrow$ base =   , expoente =

c) $3^0 \Rightarrow$ base =   , expoente = | d) $5^1 \Rightarrow$ base =   , expoente =

e) $13^5 \Rightarrow$ base =   , expoente = | f) $7 \Rightarrow$ base =   , expoente =

121 Escrever como se lê as seguintes potências:

a) 5^4 =

b) 7^2 =

c) 9^3 =

122 Escrever como produto as seguintes somas:

a) 5 + 5 + 5 =

b) 6 + 6 + 6 + 6 =

c) 7 + 7 + 7 + 7 + 7 =

d) 23 + 23 =

e) a + a + a + a =

f) n + n + n + n + n =

g) 1 + 1 + 1 + 1 + 1 =

h) 0 + 0 + 0 + 0 =

i) x + x + x + x + x =

123 Escrever na forma de potência os seguintes produtos:

a) 5 · 5 · 5 · 5 =

b) 6 · 6 · 6 · 6 · 6 =

c) 2 · 2 · 2 =

d) 3 · 3 =

e) a · a · a · a =

f) 1 · 1 · 1 · 1 · 1 · 1 =

g) 0 · 0 · 0 · 0 · 0 =

h) n · n · n · n =

i) x · x · x · x · x · x =

124 Escrever na forma de potência ou na forma de produto de potências, conforme for o caso:

a) 3 + 3 + 3 + 3 =

b) 3 · 3 · 3 · 3 =

c) 4 + 4 + 4 + 4 + 4 =

d) 8 + 8 =

e) 8 · 8 =

f) 9 · 9 · 9 · 9 · 9 =

g) 13 + 13 + 13 + 13 =

h) a + a + a + a + a =

i) n · n · n · n · n · n =

j) x + x + x + x + x =

k) y · y · y · y =

l) a · n · a · n · a · n =

m) 2 · 2 · 3 · 3 · 3 · 2 · 2 =

n) 5 · 5 · 7 · 7 · 7 · 7 · 5 =

o) x · x · x · y · y · y · x · x =

125 Escrever as seguintes potências na forma de produto

a) $5^4 =$

b) $7^5 =$

c) $2^3 =$

d) $5^2 =$

e) $9^5 =$

f) $7^3 =$

g) $1^6 =$

h) $0^4 =$

126 Pensando na definição e fazendo as multiplicações mentalmente, escrever o resultado das seguintes potências:

a) $7^1 =$ $7^0 =$ $8^1 =$ $8^0 =$

b) $0^1 =$ $0^2 =$ $0^3 =$ $0^{23} =$

c) $1^2 =$ $1^3 =$ $1^9 =$ $1^{37} =$

d) $9^0 =$ $9^1 =$ $13^0 =$ $13^1 =$

e) $3^2 =$ $4^2 =$ $5^2 =$ $6^2 =$

f) $7^2 =$ $8^2 =$ $9^2 =$ $10^2 =$

127 Armar as multiplicações, para determinar os seguintes quadrados:

a) $13^2 =$ | $15^2 =$ | $11^2 =$ | $17^2 =$ | $14^2 =$

b) $12^2 =$ | $18^2 =$ | $16^2 =$ | $19^2 =$ | $20^2 =$

c) $21^2 =$ | $22^2 =$ | $25^2 =$ | $26^2 =$ | $24^2 =$

d) $23^2 =$ | $27^2 =$ | $28^2 =$ | $29^2 =$ | $30^2 =$

128 Transformar em multiplicação e usar rascunho, se necessário, para fazer as operações e escrever o resultado das seguintes potências:

a) $5^3 = 5 \cdot 5 \cdot 5 =$ | $7^3 =$ | $4^3 =$

b) $2^3 =$ | $6^3 =$ | $8^3 =$

c) $9^3 =$ | $3^3 =$ | $2^4 =$

d) $3^4 =$ | $4^4 =$ | $5^4 =$

e) $2^5 =$ | $3^5 =$ | $4^5 =$

f) $5^5 =$ | $2^6 =$ | $3^6 =$

g) $2^7 =$ | $2^8 =$

h) $2^9 =$ | $2^{10} =$

Fazer uma tabela com os resultados das potências de bases e expoentes naturais, com bases diferentes de 0 e 1, com esses resultados sendo menores que 1000

129. Escrever o resultado das seguintes potências: (não é necessário rascunho).

a) $5^2 =$ | $50^2 =$ | $6^2 =$
b) $60^2 =$ | $4^2 =$ | $40^2 =$
c) $3^2 =$ | $30^2 =$ | $2^2 =$
d) $20^2 =$ | $7^2 =$ | $70^2 =$
e) $8^2 =$ | $80^2 =$ | $9^2 =$
f) $90^2 =$ | $1^2 =$ | $10^2 =$
g) $10^3 =$ | $10^4 =$ | $10^5 =$
h) $2^3 =$ | $20^3 =$ | $3^3 =$
i) $30^3 =$ | $4^3 =$ | $40^3 =$
j) $5^3 =$ | $50^3 =$ | $6^3 =$
k) $60^3 =$ | $2^4 =$ | $20^4 =$

130. Determinar os seguintes quadrados perfeitos:

a) $11^2 =$ | $12^2 =$ | $13^2 =$ | $14^2 =$ | $15^2 =$
b) $16^2 =$ | $17^2 =$ | $18^2 =$ | $19^2 =$ | $20^2 =$
c) $21^2 =$ | $22^2 =$ | $23^2 =$ | $24^2 =$ | $25^2 =$
d) $26^2 =$ | $27^2 =$ | $28^2 =$ | $29^2 =$ | $30^2 =$
e) $110^2 =$ | $120^2 =$ | $130^2 =$
f) $140^2 =$ | $150^2 =$ | $160^2 =$
g) $170^2 =$ | $180^2 =$ | $190^2 =$
h) $200^2 =$ | $210^2 =$ | $220^2 =$
i) $230^2 =$ | $240^2 =$ | $250^2 =$
j) $260^2 =$ | $270^2 =$ | $290^2 =$
k) $300^2 =$ | $400^2 =$ | $3000^2 =$
l) $7000^2 =$ | $90000^2 =$ | $2100^2 =$

Resp: **120** a) 5; 3 b) 6; 2 c) 3; 0 d) 5; 1 e) 13; 5 f) 7; 1 **121** a) quarta potência de cinco (ou cinco à quarta) b) quadrado de sete (ou sete ao quadrado) c) cubo de nove (ou nove ao cubo) **122** a) 3 · 5 b) 4 · 6 c) 5 · 7 d) 2 · 23 e) 4a f) 5n g) 5 · 1 h) 4 · 0 i) 5x **123** a) 5^4 b) 6^5 c) 2^3 d) 3^2 e) a^5 f) 1^6 g) 0^5 h) n^4 i) x^6 **124** a) 4 · 3 b) 3^4 c) 5 · 4 d) 2 · 8 e) 8^2 f) 9^5 g) 4 · 13 h) 5 · a i) n^6 j) 5x k) y^4 l) $a^3 \cdot n^3$ m) $2^4 \cdot 3^3$ n) $5^3 \cdot 7^5$ o) $x^5 \cdot y^3$ **125** a) 5 · 5 · 5 · 5 b) 7 · 7 · 7 · 7 · 7 c) 2 · 2 · 2 d) 5 · 5 e) 9 · 9 · 9 · 9 · 9 f) 7 · 7 · 7 g) 1 · 1 · 1 · 1 · 1 · 1 h) 0 · 0 · 0 · 0 **126** a) 7; 1; 8; 1 b) 0; 0; 0; 0 c) 1; 1; 1; 1 d) 1; 9; 1; 13 e) 9; 16; 25; 36 f) 49; 64; 81; 100

3 – Expressões com potências

Para simplificarmos uma expressão aritmética que contém potências, efetuamos primeiramente as potências. Caso a base seja uma expressão, simplificamos esta expressão e depois a potência obtida.

Exemplos:

1) $2 \cdot 5^2 - 3 \cdot 2^3 =$
   $= 2 \cdot 25 - 3 \cdot 8 =$
   $= 50 - 24 =$
   $= 26$

2) $3 \cdot (5-1)^2 - (2^2 - 1)^2 =$
   $= 3 \cdot 4^2 - (4-1)^2 =$
   $= 3 \cdot 16 - 3^2 =$
   $= 48 - 9 = 39$

3) $(7-3)^2 : (3 \cdot 2^3 - 2^4) =$
   $= 4^2 : (3 \cdot 8 - 16) =$
   $= 16 : (24 - 16) =$
   $= 16 : 8 = 2$

131 Simplificar as seguintes expressões:

a) $5^2 - 4^2 =$ | $(5-4)^2 =$ | $7^2 - 6^2 =$ | $(7-6)^2 =$

b) $7^2 - 3^2 =$ | $(7-3)^2 =$ | $(9-4)^2 =$ | $9^2 - 4^2 =$

c) $4^2 + 3^2 =$ | $(4+3)^2 =$ | $(5+4)^2 =$ | $5^2 + 4^2 =$

d) $2 \cdot 3^2 - 3 \cdot 2^2 =$

e) $4(7-2)^2 + 3^2(4^2 - 3^2) =$

f) $(6-2)^3 + (5-2)^2 + 5^2 - 2^2 =$

g) $5^0 \cdot 6^1 + 3 \cdot 5^2 - 2 \cdot 2^5$

h) $3^4 - 4^3 + 7(27-8)^0 - 1^{23} =$

i) $(27 + 4)^0 + 2^2 (7^2 - 2^2) - (7-2)^2 =$

j) $3 \cdot 5^2 - [2^3 + 5^2 : (3^2 + 4^2)] : (5^2 - 4^2) =$

k) $4(2^4 - 4^2) + 3^4 : [(5-3)^2 + 5^2 - 3^2 + 7 \cdot 3^0] =$

132 Simplificar as seguintes expressões:

a) $8^2 + 2^3 (4^2 + 1^2) - (3^0 \cdot 5^2) : (3^2 + 4^2) + 1^{23} =$

b) $[2^4 \cdot 3^1 \cdot 24^0 + 2^3(2^7 - 5^3) + 5^1] : (6^2 - 5^2) =$

c) $(17^0 - 0^{17} + 17^1)^2 : [5 \cdot 3^2 + 3 \cdot 5^2 - 3(10^2 - 8^2)] =$

d) $[23^2 - 7^3 - 3 \cdot 2^3] : [5 \cdot 2^0 \cdot 17^1 (19^2 - 18^2 - 2^2 \cdot 3^2) - 2^2] =$

Resp: **127** a) 169; 225; 121; 289; 196   b) 144; 324; 256; 361; 400   c) 441; 484; 625; 676; 576 d) 529; 729; 784; 841; 900

128 a) 125; 343; 64   b) 8; 216; 512   c) 729; 27; 16   d) 81; 256; 625   e) 32; 243; 1024
f) 3125; 64; 729   g) 128; 256 h) 512; 1024   **129** a) 25; 2500; 36   b) 3600; 16; 1600   c) 9; 900; 4
d) 400; 49;4900   e) 64; 6400; 81   f) 8100; 1; 100   g) 1000; 10000; 100000   h) 8; 8000; 27
i) 27000; 64; 64000   j) 125; 125000; 216   k) 216000; 16; 160000   **130** a) 121; 144; 169; 196; 225
b) 256; 289; 324; 361; 400   c) 441; 484; 529; 576; 625   d) 676; 729; 784; 841; 900   e) 12100; 14400; 16900;
f) 19600; 22500; 25600   g) 28900; 32400; 36100   h) 40000; 44100; 48400   i) 52900; 57600; 62500
j) 67600; 72900; 84100   k) 90 000; 160 000; 9 000 000   l) 49 000 000; 8 100 000 000; 4 410 000

133 Simplificar as seguintes expressões:

a) $\{3^2 - 2^3 + 5^2 [19^0 + 1^{19} + 19^2 - 2(7-2)^2 - (17^2 - 2^2) - 4^2] - 15^2\} : (5 \cdot 2^2 - 2 \cdot 3^2 + 51^1 : 3^1) =$

b) $2 \cdot 5^3 - 6^3 + [\,2(4^3 - 8^2 + 2^4 \cdot 3^2)] : \{3 \cdot 2^5 + 2 \cdot 3^4 - 4^0 \cdot 5^1 \,[7^2 - 6^2 + 3^1 + 3(3 \cdot 5^2 - 4^3) - 5^0]\} =$

c) $(8^3 - 7^3 + 6^3 - 5^3 + 10) : (5 \cdot 6^2 - 2 \cdot 9^2) + \{11^2 - 2\,[2 \cdot 5^2 - (25^2 - 7^2) : (2^3 \cdot 3)]\} : (12^2 - 11^2) =$

4 – Propriedades (As bases e os expoentes são números naturais)

1) Multiplicação de potências de mesma base.

Observar:

$2^4 \cdot 2^3 = (2 \cdot 2 \cdot 2 \cdot 2) \cdot (2 \cdot 2 \cdot 2) = 2^7$. Note que $7 = 4 + 3$. Então: $2^4 \cdot 2^3 = 2^{4+3} = 2^7$.

Na multiplicação de potências de mesma base, conservamos a base e somamos os expoentes.

$\boxed{a^m \cdot a^n = a^{m+n}}$ ou $\boxed{a^m \cdot a^n \cdot a^p = a^{m+n+p}}$

Exemplos: $5^7 \cdot 5^3 = 5^{7+3} = 5^{10}$, $7^5 \cdot 7 = 7^5 \cdot 7^1 = 7^{5+1} = 7^6$, $a^{13} \cdot a^5 \cdot a = a^{13+5+1} = a^{19}$.

2) Divisão de potências de mesma base.

As propriedades que envolvem divisão serão melhores compreedidos após o estudo de frações.

Observar: $32 : 8 =$

$32 : 8 = 4 \Rightarrow 2^5 : 2^3 = 2^2$. Note que $2 = 5 - 3$. Então: $2^5 : 2^3 = 2^{5-3} = 2^2$.

Da mesma forma obtemos: $5^7 : 5^4 = 5^{7-4} = 5^3$, $a^8 : a^2 = a^{8-2} = a^6$.

Na divisão de potências de mesma base, conservamos a base e subtraimos os expoentes.

$\boxed{a^m : a^n = a^{m-n}}$. Neste capítulo vamos considerar m maior ou igual a **n**

Exemplo: $5^{10} : 5^2 = 5^{10-2} = 5^8$, $7^9 : 7 = 7^9 : 7^1 = 7^8$, $a^4 : a = a^{4-1} = a^3$.

3) Potência cuja base é potência

Observar:

$(5^3)^2 = 5^3 \cdot 5^3 = 5^{3+3} = 5^{2 \cdot 3} = 5^6 \Rightarrow (5^3)^2 = 5^{2 \cdot 3} = 5^{3 \cdot 2} = 5^6$

Neste caso conservamos a base da primeira potência e multiplicamos os expoentes.

$\boxed{(a^m)^n = a^{n \cdot m} = a^{m \cdot n}}$ ou $\boxed{((a^m)^n)^p = a^{n \cdot m \cdot p}}$

4) A base é uma multplicação

Observar:

$(3 \cdot 5)^4 = (3 \cdot 5) \cdot (3 \cdot 5) \cdot (3 \cdot 5) \cdot (3 \cdot 5) = (3 \cdot 3 \cdot 3 \cdot 3)(5 \cdot 5 \cdot 5 \cdot 5) = 3^4 \cdot 5^4$. Então $(3 \cdot 5)^4 = 3^4 \cdot 5^4$

O resultado é o produto das potências cujas bases são os fatores das bases, com expoentes iguais ao expoente do produto. "Fazemos a distributiva do expoente".

$\boxed{(a \cdot b)^n = a^n \cdot b^n}$ ou $\boxed{(a \cdot b \cdot c)^n = a^n \cdot b^n \cdot c^n}$

Exemplos: $(2 \cdot 5)^7 = 2^7 \cdot 5^7$, $(2 \cdot 3 \cdot 5)^2 = 2^2 \cdot 3^2 \cdot 5^2$

5) A base é uma divisão

Observar:

$(6 : 2)^3 = 3^3 = 27$ e $6^3 : 2^3 = 216 : 8 = 27$. Então: $(6 : 2)^3 = 6^3 : 2^3$

O resultado é a divisão de potências cujas bases são os termos da divisão, com expoentes iguais ao expoente da divisão. "Fazemos a distributiva do expoente".

$\boxed{(a : b)^n = a^n : b^n}$ ou $\boxed{\left(\dfrac{a}{b}\right)^n = \dfrac{a^n}{b^n}}$ **Exemplos:** $(8 : 2)^4 = 8^4 : 2^4$, $\left(\dfrac{10}{2}\right)^3 = \dfrac{10^3}{2^3}$

Resp: **131** a) 9; 1; 13; 1   b) 40; 16; 25; 65   c) 25; 49; 81; 41   d) 6   e) 163   f) 94   g) 17   h) 23
i) 156   j) 74   k) 3   **132** a) 200   b) 7   c) 27   d) 2

6) A potência a^{m^n}

a^{m^n} significa potência de base a e expoente m^n. Ou seja

$$a^{m^n} = a^{(m^n)}$$

Exemplos: $5^{3^2} = 5^{(3^2)} = 5^9$, $2^{5^2} = 2^{25}$, $a^{4^2} = a^{16}$

Observar as diferenças:

$(5^3)^2 = 5^{3 \cdot 2} = 5^6$ e $5^{3^2} = 5^{(3^2)} = 5^9$

$(2^5)^2 = 2^{5 \cdot 2} = 2^{10}$, $(2^2)^5 = 2^{10}$ e $2^{5^2} = 2^{(5^2)} = 5^{25}$, $2^{2^5} = 2^{(2^5)} = 2^{32}$

---

134 Simplificar a expressão, dando a resposta na forma de potência cuja base é a dada.

a) $7^4 \cdot 7^2 =$	$8^5 \cdot 8^4 =$	$6^4 \cdot 6 =$	$2^7 \cdot 2^5 =$
b) $a^4 \cdot a^7 =$	$a^3 \cdot a =$	$a \cdot a^7 =$	$a^8 \cdot a^8 =$
c) $2^3 \cdot 2^4 \cdot 2^5 =$	$3^4 \cdot 3^5 \cdot 3 =$	$5^2 \cdot 5 \cdot 5^4 =$	$7 \cdot 7^2 \cdot 7^3 \cdot 7^4 =$
d) $7^5 : 7^2 =$	$2^8 : 2^2 =$	$3^{12} : 3^4 =$	$3^9 : 3 =$
e) $a^7 : a^2 =$	$a^8 : a =$	$a^{15} : a^3 =$	$a^5 : a =$
f) $(2^3)^2 =$	$(3^5)^2 =$	$(5^4)^2 =$	$(6^3)^7 =$
g) $(a^5)^3 =$	$(a^4)^2 =$	$(a^6)^5 =$	$(a^5)^6 =$
h) $5^{3^2} =$	$5^{2^3} =$	$6^{5^2} =$	$6^{2^5} =$
i) $a^{4^2} =$	$a^{3^3} =$	$a^{6^2} =$	$a^{2^6} =$

135 Conservando as bases dadas, simplificar a expressão, nos casos:

a) $5^8 \cdot 5^2 =$	$5^8 : 5^2 =$	$(5^8)^2 =$	$5^{8^2} =$
b) $a^{10} : a^5 =$	$a^{10} \cdot a^5 =$	$a^{7^2} =$	$(a^7)^2 =$
c) $(2^5)^3 =$	$(2^3)^5 =$	$3^{2^4} =$	$3^{4^2} =$
d) $5^{4^3} =$	$5^{3^4} =$	$(5^4)^3 =$	$(5^3)^4 =$
e) $a^{12} : a^3 =$	$a \cdot a \cdot a^3 =$	$x^2 \cdot x \cdot x =$	$y^5 : y =$
f) $x^{12} \cdot x^6 =$	$x^{12} : x^6 =$	$(x^{12})^6 =$	$x^{5^3} =$

Mais exemplos:

1) Multiplicação de potências de mesma base:

a) $5^5 \cdot 5^7 = 5^{2+7} = 5^{12}$
b) $a^{13} \cdot a^9 = a^{13+9} = a^{12}$
c) $a \cdot a^3 = a^1 \cdot a^3 = a^{1+3} = a^4$

2) Divisão de potências de mesma base:

a) $7^{10} : 7^2 = 7^{10-2} = 7^8$
b) $a^{20} : a^4 = a^{20-4} = a^{16}$
c) $a^5 : a = a^5 : a^1 = a^{5-1} = a^4$

3) Potência cuja base é potência:

a) $(5^3)^2 = 5^{3 \cdot 2} = 5^6$
b) $(a^4)^2 = a^{4 \cdot 2} = a^8$
c) $(a^3)^5 = (a^5)^3 = a^{5 \cdot 3} = a^{15}$

4) Potência cujo expoente é potência:

a) $3^{5^2} = 5^{(5^2)} = 5^{25}$
b) $a^{2^7} = a^{(2^7)} = a^{128}$
c) $a^{7^2} = a^{(7^2)} = a^{49}$

136 Conservando as bases dadas, simplificar as expressões..

a) $6^5 \cdot 6^3 =$	$8^5 \cdot 8^4 \cdot 8^3 =$	$9^3 \cdot 9 =$	$7 \cdot 7^4 =$
b) $a^2 \cdot a^3 \cdot a^4 =$	$a^4 \cdot a^5 \cdot a =$	$a^2 \cdot a \cdot a^5 =$	$a^4 \cdot a \cdot a \cdot a =$
c) $7^{12} : 7^2 =$	$9^{10} : 9^2 =$	$a^{18} : a^6 =$	$a^9 : a^6 =$
d) $a^5 : a =$	$a^6 : a =$	$n^7 : n =$	$x^9 : x =$
e) $(3^5)^2 =$	$(3^2)^5 =$	$(a^7)^2 =$	$(a^2)^7 =$
f) $(n^2)^2 =$	$(n^3)^2 =$	$n^{3^2} =$	$(x^3)^4 =$
g) $x^{3^4} =$	$(a^5)^2 =$	$a^{5^2} =$	$a^{2^5} =$

137 Simplificar as expressões, nos casos:

a) $a^7 : a =$	$a^7 \cdot a =$	$(a^3)^2 =$	$a^{3^2} =$
b) $a^{2^3} =$	$(a^2)^3 =$	$a^{14} : a^2 =$	$a^{14} \cdot a^2 =$
c) $n^2 \cdot n^7 =$	$n \cdot n^5 =$	$n^{10} : n^5 =$	$n^8 : n =$
d) $x^{3^2} =$	$x^{2^3} =$	$(x^3)^2 =$	$(x^2)^3 =$
e) $a^5 \cdot a^7 \cdot a =$	$a \cdot a^4 \cdot a^8 =$	$x^8 : x^2 =$	$x^8 : x =$
f) $n^{12} \cdot n^2 =$	$n^{12} : n^6 =$	$n^{18} : n^3 =$	$n^{18} : n =$

Resp: **133** a) 4   b) 50   c) 18

138 Dizer se é verdadeira (V) ao falsa (F) a sentença, nos casos:

a) $5^3 \cdot 5^2 = 5^6$ ( )	$5^3 \cdot 5^2 = 5^5$ ( )	$(5^3)^2 = 5^6$ ( )
b) $5^{3^2} = 5^6$ ( )	$5^{3^2} = 5^9$ ( )	$7^{4^2} = 7^{2^4}$ ( )
c) $7^{3^2} = 7^{2^3}$ ( )	$5^8 : 5^2 = 5^4$ ( )	$5^8 : 5^2 = 5^6$ ( )
d) $7^5 : 7 = 7^5$ ( )	$2^{12} : 2^2 = 2^{10}$ ( )	$5^{12} : 5^3 = 5^4$ ( )
e) $(5^4)^3 = (5^3)^4$ ( )	$5^{4^3} = 5^{3^4}$ ( )	$1^{7^3} = 1^{3^7}$ ( )
f) $(a^m)^n = a^{mn}$ ( )	$a^{m^n} = a^{m \cdot n}$ ( )	$a^m \cdot a^n = a^{m \cdot n}$ ( )
g) $a^m : a^n = a^{m : n}$ ( )	$a^m \cdot a^n = a^{m+n}$ ( )	$a^m : a^n = a^{m-n}$ ( )
h) $a^{5^3} = a^{125}$ ( )	$a^{3^5} = a^{243}$ ( )	$(a^3)^5 = a^{15}$ ( )

139 Dar o valor V ou F para a sentença, nos casos:

a) $(3 \cdot 7)^5 = 3^5 \cdot 7^5$ ( )	$(4 : 2)^5 = 4^5 : 2^5$ ( )	$\left[(2^5)^2\right]^4 = 2^{40}$ ( )
b) $5^{4^{3^2}} = 5^{4^9}$ ( )	$(2 \cdot 3 \cdot 5)^3 = 2^3 \cdot 3^3 \cdot 5^3$ ( )	$(9 : 3)^7 = 9^7 : 3^7$ ( )
c) $(a \cdot b)^3 = a^3 \cdot b^3$ ( )	$(xy)^2 = x^2 y^2$ ( )	$(a : b)^5 = a^5 : b^5$ ( )
d) $(abc)^n = a^n b^n c^n$ ( )	$(a : b)^n = a^n : b^n$ ( )	$(x : y)^n = x^n : y^n$ ( )
e) $\left(\dfrac{4}{2}\right)^3 = \dfrac{4^3}{2^3}$ ( )	$\left(\dfrac{x}{y}\right)^4 = \dfrac{x^4}{y^4}$ ( )	$\left(\dfrac{a}{b}\right)^n = \dfrac{a^n}{b^n}$ ( )

140 Classificar em V ou F a sentença, nos casos:

a) $(4)^5 = (2^2)^5 = 2^{10}$ ( )	b) $9^3 = (3^2)^3 = 3^6$ ( )
c) $(2^3 \cdot 5^4)^2 = (2^3)^2 \cdot (5^4)^2 = 2^6 \cdot 5^8$ ( )	d) $(5^3 \cdot 7^5)^4 = 5^{12} \cdot 7^{20}$ ( )
e) $(16 \cdot 9)^3 = (2^4 \cdot 3^2)^3 = 2^{12} \cdot 3^6$ ( )	f) $(4 \cdot 3)^5 = (2^2 \cdot 3)^5 = 2^{10} \cdot 3^5$ ( )
g) $36^5 = (6^2)^5 = 6^{10}$ ( )	h) $36^5 = (4 \cdot 9)^5 = (2^2 \cdot 3^2)^5 = 2^{10} \cdot 3^{10}$ ( )
i) $81^3 = (9^2)^3 = 9^6$ ( )	j) $81^3 = (3^4)^3 = 3^{12}$ ( )

141 Dar o valor V ou F para a sentença, nos casos:

a) $(3+4)^2 = 3^2 + 4^2$ ( )	b) $(5-3)^2 = 5^2 - 3^2$ ( )	c) $(6-2)^3 = 6^3 - 2^3$ ( )
d) $(3 \cdot 4)^2 = 3^2 \cdot 4^2$ ( )	e) $(6 : 2)^2 = 6^2 : 2^2$ ( )	f) $(a+b)^2 = a^2 + b^2$ ( )
g) $(a-b)^2 = a^2 - b^2$ ( )	h) $(a\ b)^n = a^n b^n$ ( )	i) $(a : b)^n = a^n : b^n$ ( )

Simplificação de produto de potências

Uma simplificação importante é transformar uma multiplicação de potências em uma potência ou produto de potências, cujas bases são números primos. Para isto decompomos a base em fatores primos e aplicamos as propriedades estudadas.

Exemplos:

1) $4^2 \cdot 8^4 \cdot 16^5 \cdot 128^2 =$
$= (2^2)^2 \cdot (2^3)^4 \cdot (2^4)^5 \cdot (2^7)^2 =$
$= 2^4 \cdot 2^{12} \cdot 2^{20} \cdot 2^{14} = 2^{50}$

2) $4^3 \cdot 9^2 \cdot 6^2 \cdot 12^3 \cdot 18^4 =$
$= (2^2)^3 \cdot (3^2)^2 \cdot (2 \cdot 3)^2 \cdot (2^2 \cdot 3)^3 \cdot (2 \cdot 3^2)^4 =$
$= 2^6 \cdot 3^4 \cdot 2^2 \cdot 3^2 \cdot 2^6 \cdot 3^3 \cdot 2^4 \cdot 3^8 = 2^{18} \cdot 3^{17}$

142 Decompor os seguintes números em fatores primos:

a) 108

b) 630

c) 675

d) 392

108 =

630 =

675 =

392 =

143 Simplificar as seguintes expressões:

a) $2^2 \cdot 3^4 \cdot 2^5 \cdot 3 \cdot 3^5 \cdot 2^3 \cdot 2 =$

b) $3^5 \cdot 3 \cdot 5^2 \cdot 5^4 \cdot 3^2 \cdot 3 \cdot 5 =$

c) $(2^2)^3 \cdot (3^3)^5 \cdot (2^4)^6 \cdot (3^1)^3 \cdot (2^0)^5 =$

d) $(7^0)^7 \cdot (5^1)^3 \cdot (7^2)^4 \cdot (5^3)^5 \cdot 2 =$

e) $(2^2 \cdot 3^4)^2 \cdot (3 \cdot 2^3)^5 \cdot (2^3)^4 =$

f) $(5 \cdot 2^3)^4 \cdot (5^2 \cdot 5)^3 \cdot (2^4 \cdot 5^2)^1 =$

g) $(a^2b^3)^4 \cdot (ab^2)^8 \cdot (a^3b)^6 =$

h) $(a^3a)^6 \cdot (bb^5)^3 \cdot (a^3b^4)^2 =$

i) $(a^2b^3c^4)^3 \cdot (a^3bc^4)^5 \cdot (a^3c)^4 =$

j) $(a^2b^3)^3 \cdot (a^3c)^5 \cdot (b^3c^6)^5 =$

Resp: **134** a) $7^6; 8^9; 6^5; 2^{12}$ b) $a^{11}; a^4; a^8; a^{16}$ c) $2^{12}; 3^{10}; 5^7; 7^{10}$ d) $7^3; 2^6; 3^8; 3^8$ e) $a^5; a^7; a^{12}; a^4$ f) $2^6; 3^{10}; 5^8; 6^{21}$
g) $a^{15}; a^8; a^{30}; a^{30}$ h) $5^9; 5^8; 6^{25}; 6^{32}$ i) $a^{16}; a^{27}; a^{36}; a^{64}$ **135** a) $5^{10}; 5^6; 5^{16}; 5^{64}$;   b) $a^5; a^{15}; a^{49}; a^{14}$ c) $2^{15}; 2^{15}; 3^{16}; 3^{16}$
d) $5^{64}; 5^{81}; 5^{12}; 5^{12}$ e) $a^9; a^5; x^4; y^4$ f) $x^{18}; x^6; x^{72}; x^{125}$ **136** a) $6^8; 8^{12}; 9^4; 7^5$ b) $a^9; a^{10}; a^8; a^7$ c) $7^{10}; 9^8; a^{12}; a^3$
d) $a^4; a^5; n^6; x^8$ e) $3^{10}; 3^{10}; a^{14}; a^{14}$ f) $n^4; n^6; n^9; x^{12}$ g) $x^{81}; a^{10}; a^{25}; a^{32}$
137 a) $a^6; a^8; a^6; a^9$ b) $a^8; a^6; a^{12}; a^{16}$ c) $n^9; n^6; n^5; n^7$ d) $x^9; x^8; x^6; x^6$ e) $a^{13}; a^{13}; x^6; x^7$ f) $n^{10}; n^6; n^{15}; n^{17}$

144 Simplificar as seguintes expressões:

a) $(2^5 : 2^2)^3 \cdot (3^7 : 3^3)^4 \cdot (2^3 \cdot 3^5)^3 =$

b) $(5^8 : 5^2)^4 \cdot (3^2 \cdot 5^3)^5 \cdot (3^9 : 3^3)^2 =$

c) $(a^3 : a)^4 \cdot (b^5 : b)^3 \cdot (a^3 b^4)^3 =$

d) $(a^5 b^3)^4 \cdot (a^{10} : a^2)^2 \cdot (b^{12} : b^2)^3 =$

145 Simplificar as expressões, nos casos, dando as respostas na forma de potências ou produtos de potências cujas bases são números primos. Se achar útil, usar as decomposições dadas.
$4 = 2^2, 8 = 2^3, 16 = 2^4, 32 = 2^5, 64 = 2^6, 9 = 3^2, 27 = 3^3, 81 = 3^4, 25 = 5^2, 125 = 5^3, 12 = 2^2 \cdot 3,$
$18 = 2 \cdot 3^2, 20 = 2^2 \cdot 5, 24 = 2^3 \cdot 3, 36 = 2^2 \cdot 3^2$.

a) $16^3 =$

b) $27^5 =$

c) $25^4 =$

d) $81^3 =$

e) $64^5 =$

f) $125^2 =$

g) $12^4 =$

h) $20^3 =$

i) $24^3 =$

k) $4^3 \cdot 8^2 \cdot 16^5 \cdot 32^4 =$

l) $9^4 \cdot 27^3 \cdot 81^2 =$

m) $4^3 \cdot 9^4 \cdot 12^4 \cdot 18^5 =$

n) $25^3 \cdot 20^4 \cdot 125^2 \cdot 32^3 =$

o) $16^3 \cdot 24^2 \cdot 27^4 \cdot 12^5 =$

p) $36^5 \cdot 18^3 \cdot 81^2 \cdot 64^5 =$

146 Simplificar as seguintes expressões, dando as respostas na forma de produtos de potências cujas bases são números primos. Decompor os números em fatores primos em um bloco de rascunho, se necessário.

a) $49^3 \cdot 28^2 \cdot 8^2 \cdot 98^4 =$

b) $50^3 \cdot 250^2 \cdot 80^5 =$

c) $45^3 \cdot 75^4 \cdot 375^2 =$

d) $63^4 \cdot 147^5 \cdot 343^4 =$

e) $10^4 \cdot 16^5 \cdot 200^3 =$

f) $1000^6 \cdot 625^3 \cdot 64^2 =$

g) $[(243^4)^3 : (27^3)^2] : [(81^5)^3 : (9^4)^5] =$

h) $[(256^2)^7 : (32^5)^4] : [(128^6)^3 : (1024^3)^4] =$

147 Escrever na forma de potência de base 10, os seguintes números:

a) $100 =$

b) $1 =$

c) $10\,000 =$

d) $1000 =$

e) $100\,000\,000 =$

f) $1\,000\,000\,000 =$

148 Simplificar as expressões, dando as respostas na forma de potência de base 10.

a) $10 \cdot 100^2 \cdot 1000^3 \cdot 10000^4 =$

b) $(100^3)^4 \cdot (1000^2)^3 \cdot (10000^3)^5 =$

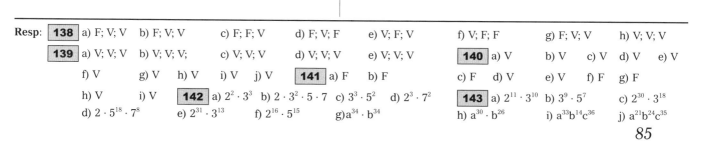

149 Completar com um número natural, de modo que a sentença obtida fique verdadeira, os casos:

a) $7^2 = $ ___	$2^3 = $ ___	$3^2 = $ ___	$2^4 = $ ___	$2^5 = $ ___
b) $5^2 = $ ___	$5^3 = $ ___	$4^2 = $ ___	$4^3 = $ ___	$3^4 = $ ___
c) $7^{(\ )} = 49$	$5^{(\ )} = 25$	$2^{(\ )} = 8$	$7^{(\ )} = 7$	$9^{(\ )} = 1$
d) $3^{(\ )} = 81$	$5^{(\ )} = 125$	$6^{(\ )} = 36$	$2^{(\ )} = 32$	$11^{(\ )} = 121$
e) $(\ )^2 = 49$	$(\ )^3 = 8$	$(\ )^4 = 81$	$(\ )^5 = 32$	$(\ )^2 = 100$
f) $(\ )^1 = 6$	$(\ )^3 = 27$	$(\ )^3 = 64$	$(\ )^3 = 125$	$(\ )^7 = 128$

150 Determinar o número natural **n** que satisfaz a condição dada, nos casos:

a) $9^2 = n \Rightarrow n = 81$	$5^3 = n$	$6^3 = n$
b) $11^2 = n$	$7^3 = n$	$12^2 = n$
c) $5^n = 25$	$5^n = 125$	$3^n = 81$
d) $2^n = 32$	$8^n = 64$	$4^n = 16$
e) $4^n = 64$	$3^n = 27$	$3^n = 9$
f) $12^n = 144$	$13^n = 169$	$14^n = 196$
g) $7^n = 7$	$7^n = 1$	$7^n = 343$
h) $n^2 = 25$	$n^3 = 8$	$n^2 = 16$
i) $n^2 = 64$	$n^3 = 64$	$n^3 = 27$
j) $n^1 = 8$	$n^4 = 16$	$n^5 = 32$
k) $n^6 = 64$	$n^4 = 81$	$n^3 = 125$

151 Determinar o número natural **a** que satisfaz a condição dada, nos casos:

a) $8^2 = a$	$a^3 = 27$	$5^a = 25$
b) $a^4 = 16$	$a^2 = 16$	$3^a = 81$
c) $5^4 = a$	$5^a = 125$	$a^5 = 32$
d) $a^5 = 1$	$8^a = 1$	$a^4 = 81$

5 – Radiciação em ℕ (Introdução)

Sabemos que $2^3 = 8$, $2^5 = 32$ e $7^2 = 49$.

Observar as perguntas e respostas:

1) Qual é o número natural que ao cubo dá 8? Resp: 2 (Note que $2^3 = 8$)

   Um outro modo de fazermos esta pergunta é:

   Qual é a raiz cúbica de 8? Escrevemos: $\sqrt[3]{8} = 2$, pois $2^3 = 8$

2) Qual é o número natural cuja quinta potência dá 32? Resp: 2. (Note que $2^5 = 32$)

   Qual é a raiz quinta de 32? Escrevemos: $\sqrt[5]{32} = 2$, pois $2^5 = 32$

3) Qual é o número natural que ao quadrado dá 49? Resp: 7 (Note que $7^2 = 49$)

   Qual é a raiz quadrada de 49? Escrevemos: $\sqrt[2]{49} = 7$, pois $7^2 = 49$.

Definição:

Se a, b e n são números naturais com n diferente de zero ($n \in \mathbb{N}^*$), temos:

$$a^n = b \Leftrightarrow \sqrt[n]{b} = a$$

índice ⟶ $\sqrt[n]{b} = a$ ⟵ raiz enésima de **b**
radical ↗
↑
radicando

$\sqrt[n]{b}$ = raiz enésima de b, b = radicando, n = índice da raiz ou do radical, $\sqrt{}$ = radical

Obs.:
1) $\sqrt[1]{a} = a$, qualquer que seja o número natural a

2) $\sqrt[2]{a} = \sqrt{a}$. Omitimos o índice 2. Quando não aparece o índice, é para considerar índice 2 (raiz quadrada).

3) Note que $3^2 = 9$ e $4^2 = 16$. Isto significa que não existe número natural cujo quadrado seja 10, 11, 12, 13, 14 e 15. Isto é:

$\sqrt{10}$, $\sqrt{11}$, $\sqrt{12}$, $\sqrt{13}$, $\sqrt{14}$, $\sqrt{15}$ não são números naturais.

Da mesma forma, não são números naturais os números $\sqrt{30}$, $\sqrt[3]{23}$, $\sqrt[4]{71}$, etc...

Estes números são chamados irracionais e serão estudados posteriormente. Exemplos de raízes que são números naturais:

$\sqrt[2]{36} = \sqrt{36} = 6$, $\sqrt[2]{9} = 3$, $\sqrt{25} = 5$, $\sqrt{144} = 12$

$\sqrt[3]{8} = 2$, $\sqrt[3]{27} = 3$, $\sqrt[3]{125} = 5$, $\sqrt[4]{16} = 2$, $\sqrt[4]{81} = 3$, $\sqrt[5]{32} = 2$, etc...

Para simplificarmos as expressões, por enquanto com todas as raízes sendo números naturais, vamos usar as duas seguintes consequências da definição:

I) $\left[a^n = b \Leftrightarrow \sqrt[n]{b} = a \right] \Rightarrow \sqrt[n]{a^n} = a$.

Então: $\sqrt[6]{2^6} = 2$, $\sqrt[7]{5^7} = 5$, $\sqrt[3]{4^3} = 4$, $\sqrt{6^2} = 6$, $\sqrt[5]{a^5} = a$, etc...

II) $\left[(a^m)^n = b \Leftrightarrow \sqrt[n]{b} = a^m \right] \Rightarrow \sqrt[n]{(a^m)^n} = a^m \Rightarrow \sqrt[n]{a^{mn}} = a^m$.

Então: $\sqrt[5]{2^{10}} = 2^2$, $\sqrt[7]{5^{21}} = 5^3$, $\sqrt[3]{4^{15}} = 4^5$, $\sqrt{3^{10}} = 3^5$, $\sqrt[6]{a^{30}} = a^5$

Resp: **144** a) $2^{18} \cdot 3^{31}$ b) $3^{22} \cdot 5^{39}$ c) $a^{17}b^{24}$ d) $a^{36}b^{42}$ **145** a) 2^{12} b) 3^{15} c) 5^8 d) 3^{12} e) 2^{30}
f) 5^6 g) $2^8 \cdot 3^4$ h) $2^6 \cdot 5^3$ i) $2^9 \cdot 3^3$ k) 2^{52} e) 3^{25} m) $2^{19} \cdot 3^{22}$ n) $2^{23} \cdot 5^{16}$ o) $2^{28} \cdot 3^{19}$
p) $2^{43} \cdot 3^{24}$ **146** a) $2^{14} \cdot 7^{16}$ b) $2^{25} \cdot 5^{17}$ c) $3^{12} \cdot 5^{17}$ d) $3^{13} \cdot 7^{26}$ e) $2^{33} \cdot 5^{10}$ f) $2^{30} \cdot 5^{30}$ g) 3^{22} h) 2^6
147 a) 10^2 b) 10^0 c) 10^4 d) 10^3 e) 10^8 f) 10^9 **148** a) 10^{30} b) 10^{102}

Exemplo: Simplificar as seguintes expressões:

Simplificamos os radicandos e depois determinamos as raízes.

1) $\sqrt{4^2+3^2} = \sqrt{16+9} = \sqrt{25} = 5$ 2) $\sqrt{4^2}+\sqrt{3^2} = 4+3 = 7$

3) $\sqrt{10^2-6^2} = \sqrt{100-36} = \sqrt{64} = 8$ 4) $\sqrt{10^2}-\sqrt{6^2} = 10-6 = 4$

5) $\sqrt[5]{5^2+3^2-2} = \sqrt[5]{25+9-2} = \sqrt[5]{32} = \sqrt[5]{2^5} = 2$

6) $\sqrt[3]{10^2+5^2} = \sqrt[3]{100+25} = \sqrt[3]{5^3} = 5$

7) $\sqrt[3]{2 \cdot 10^2 + 8\sqrt[3]{2^2+3^2-5}} = \sqrt[3]{2 \cdot 100 + 8\sqrt[3]{4+9-5}} = \sqrt[3]{200 + 8\sqrt[3]{8}} = \sqrt[3]{200+16} = \sqrt[3]{216} = 6$

152 Determinar as seguintes raízes

a) $5^4 = 625 \Rightarrow \sqrt[4]{625} =$	$6^3 = 216 \Rightarrow \sqrt[3]{216} =$	$7^3 = 243 \Rightarrow \sqrt[3]{343} =$
b) $3^5 = 243 \Rightarrow \sqrt[5]{243} =$	$6^4 = 1296 \Rightarrow \sqrt[4]{1296} =$	$2^7 = 128 \Rightarrow \sqrt[7]{128} =$
c) $4^3 = 64 \Rightarrow \sqrt[3]{64} =$	$8^2 = 64 \Rightarrow \sqrt{64} =$	$9^3 = 729 \Rightarrow \sqrt[3]{729} =$

153 Determinar as raízes seguintes. Observar, se necessário, as potências dadas

> $2^4 = 16$, $2^5 = 32$, $2^6 = 64$, $2^7 = 128$, $2^8 = 256$, $2^9 = 512$, $2^{10} = 1024$, $3^3 = 27$, $3^4 = 81$,
> $3^5 = 243$, $3^6 = 729$, $4^3 = 64$, $4^4 = 256$, $5^3 = 125$, $5^4 = 625$, $6^3 = 216$, $6^4 = 1296$, $7^3 = 343$,
> $16^2 = 256$, $17^2 = 289$, $18^2 = 324$, $19^2 = 361$

a) $\sqrt{16} =$	$\sqrt{64} =$	$\sqrt{36} =$	$\sqrt{25} =$	$\sqrt{49} =$
b) $\sqrt{64} =$	$\sqrt{81} =$	$\sqrt{121} =$	$\sqrt{169} =$	$\sqrt{144} =$
c) $\sqrt{196} =$	$\sqrt[3]{8} =$	$\sqrt[4]{16} =$	$\sqrt[3]{27} =$	$\sqrt[4]{81} =$
d) $\sqrt[5]{32} =$	$\sqrt[5]{243} =$	$\sqrt[3]{343} =$	$\sqrt[4]{625} =$	$\sqrt[6]{64} =$
e) $\sqrt[3]{64} =$	$\sqrt[4]{1296} =$	$\sqrt{256} =$	$\sqrt{289} =$	$\sqrt{324} =$
f) $\sqrt{361} =$	$\sqrt[3]{216} =$	$\sqrt[8]{256} =$	$\sqrt[9]{512} =$	$\sqrt[10]{1024} =$

154 Determinar as seguintes raízes:

a) $\sqrt[5]{1} =$	$\sqrt[7]{0} =$	$\sqrt[8]{1} =$	$\sqrt[19]{0} =$	$\sqrt{100} =$
b) $\sqrt[3]{1000} =$	$\sqrt[4]{10000} =$	$\sqrt{25} =$	$\sqrt{2500} =$	$\sqrt{49} =$
c) $\sqrt{4900} =$	$\sqrt{1600} =$	$\sqrt{3600} =$	$\sqrt{900} =$	$\sqrt{6400} =$
d) $\sqrt{8100} =$	$\sqrt{10000} =$	$\sqrt{12100} =$	$\sqrt{14400} =$	$\sqrt{22500} =$
e) $\sqrt{19600} =$	$\sqrt{16900} =$	$\sqrt{32400} =$	$\sqrt{28900} =$	$\sqrt{25600} =$
f) $\sqrt[3]{8} =$	$\sqrt[3]{8000} =$	$\sqrt[3]{27} =$	$\sqrt[3]{27000} =$	$\sqrt[3]{64} =$
g) $\sqrt[3]{64000} =$	$\sqrt[4]{16} =$	$\sqrt[4]{160000} =$	$\sqrt[4]{81} =$	$\sqrt[4]{810000} =$

155 Determinar as seguintes raízes:

a) $\sqrt[8]{2^8} =$	$\sqrt[5]{9^5} =$	$\sqrt[12]{3^{12}} =$	$\sqrt{7^2} =$
b) $\sqrt[3]{2^6} =$	$\sqrt[6]{2^{24}} =$	$\sqrt[5]{4^{15}} =$	$\sqrt{5^6} =$
c) $\sqrt[4]{7^8} =$	$\sqrt{2^{20}} =$	$\sqrt[7]{3^{14}} =$	$\sqrt[8]{6^{24}} =$

156 Simplificar as seguintes expressões:

a) $\sqrt{25} - \sqrt{9} =$	$\sqrt{25-9} =$	$\sqrt{4 \cdot 9} =$	$\sqrt{4} \cdot \sqrt{9} =$	$\sqrt{36} : \sqrt{4} =$
b) $\sqrt[3]{8} \cdot \sqrt[3]{27} =$	$\sqrt[3]{8 \cdot 27} =$	$\sqrt[3]{64} : \sqrt[3]{8} =$	$\sqrt[3]{64:8} =$	$\sqrt{100-36} =$
c) $\sqrt{100} - \sqrt{36} =$	$\sqrt{25+144} =$	$\sqrt{25} + \sqrt{144} =$	$\sqrt{64+225} =$	$\sqrt{64} + \sqrt{225} =$
d) $\sqrt{100} \cdot \sqrt{16} =$	$\sqrt{100 \cdot 16} =$	$\sqrt{225-81} =$	$\sqrt{225} - \sqrt{81} =$	$\sqrt{49+576} =$

157 Completar com um número natural, de modo que a sentença fique verdadeira, nos casos:

a) $\sqrt{} = 10$	$\sqrt{} = 8$	$\sqrt[3]{} = 2$	$\sqrt[3]{} = 5$	$\sqrt[4]{} = 2$
b) $\sqrt{} = 4$	$\sqrt[3]{} = 4$	$\sqrt[6]{} = 2$	$\sqrt{} = 18$	$\sqrt{} = 11$
c) $\sqrt[5]{} = 2$	$\sqrt[7]{} = 2$	$\sqrt[8]{} = 2$	$\sqrt[9]{} = 2$	$\sqrt{} = 16$
d) $\sqrt[4]{} = 4$	$\sqrt[4]{} = 3$	$\sqrt[4]{} = 5$	$\sqrt[3]{} = 7$	$\sqrt[3]{} = 6$
e) $\sqrt[]{25} = 5$	$\sqrt[]{8} = 2$	$\sqrt[]{27} = 3$	$\sqrt[]{32} = 2$	$\sqrt[]{81} = 9$
f) $\sqrt[]{81} = 3$	$\sqrt[]{64} = 8$	$\sqrt[]{64} = 4$	$\sqrt[]{64} = 2$	$\sqrt[]{243} = 3$
g) $\sqrt[]{289} = 17$	$\sqrt[]{625} = 25$	$\sqrt[]{625} = 5$	$\sqrt[]{729} = 27$	$\sqrt[]{729} = 9$
h) $\sqrt[]{729} = 3$	$\sqrt[]{343} = 7$	$\sqrt[]{216} = 6$	$\sqrt[]{125} = 5$	$\sqrt[]{512} = 8$
i) $\sqrt[5]{243} =$	$\sqrt[]{128} = 2$	$\sqrt[]{1000} = 10$	$\sqrt{} = 50$	$\sqrt[8]{256} =$
j) $\sqrt[]{1024} = 2$	$\sqrt[]{961} = 31$	$\sqrt[]{1024} = 32$	$\sqrt{} = 24$	$\sqrt{676} =$

Resp: **149** a) 49; 8; 9; 16; 32   b) 25; 125; 16; 64; 81   c) 2; 2; 3; 1; 0   d) 4; 3; 2; 5; 2   e) 7; 2; 3; 2; 10   f) 6; 3; 4; 5; 2
150 a) 81; 125; 216   b) 121; 343; 144   c) 2; 3; 4   d) 5; 2; 2   e) 3; 3; 2   f) 2; 2; 2   g) 1; 0; 3
h) 5; 2; 4   i) 8; 4; 3   j) 8; 2; 2   k) 2; 3; 5   **151** a) 64; 3; 2   b) 2; 4; 4   c) 625; 3; 2   d) 1; 0; 3

158 Determinar o número natural **n**, nos casos:

a) $\sqrt{n} = 8 \Rightarrow n =$
b) $\sqrt[12]{n} = 1 \Rightarrow n =$
c) $\sqrt[20]{n} = 0 \Rightarrow n =$

d) $\sqrt[n]{64} = 4 \Rightarrow n =$
e) $\sqrt[n]{64} = 8 \Rightarrow n =$
f) $\sqrt[n]{64} = 2 \Rightarrow n =$

g) $\sqrt[n]{81} = 9 \Rightarrow n =$
h) $\sqrt[n]{81} = 3 \Rightarrow n =$
i) $\sqrt[5]{n} = 2 \Rightarrow n =$

j) $\sqrt[3]{n} = 7 \Rightarrow n =$
k) $\sqrt[3]{n} = 6 \Rightarrow n =$
l) $\sqrt[5]{n} = 3 \Rightarrow n =$

m) $\sqrt[n]{256} = 16 \Rightarrow n =$
n) $\sqrt[n]{625} = 5 \Rightarrow n =$
o) $\sqrt[n]{512} = 2 \Rightarrow n =$

159 Simplificar as seguintes expressões:

a) $2\sqrt{16} + 5\sqrt[3]{64} - 3\sqrt[5]{32} - 4\sqrt[12]{1} =$

b) $\left[5\left(\sqrt{16+9} + \sqrt{16} + \sqrt{9}\right)\right] : \sqrt{5^2 - 4^2} =$

c) $\sqrt[3]{\sqrt{10^2 - 6^2}} + \left(\sqrt[3]{125} \cdot \sqrt[5]{32}\right) : \sqrt{\sqrt[3]{64}} =$

d) $\left[\left(6\sqrt[5]{243}\right) : \left(2\sqrt[3]{125} - \sqrt[3]{343}\right) + \sqrt[3]{64}\right] : \sqrt[4]{625} =$

f) $18 : \sqrt[5]{\left(7\sqrt[3]{216} + 2\sqrt[4]{81} + \sqrt{256}\right) : \sqrt[4]{16}} =$

g) $\sqrt{85 + \left(\sqrt{144 + 25} + \sqrt{144} + \sqrt{25}\right) : \sqrt[3]{2\sqrt[3]{64}}} =$

h) $\left(5\sqrt[4]{27\sqrt[3]{27}}\right) : \left(\sqrt[5]{5^2} + \sqrt[3]{343} + \sqrt[3]{30 - \sqrt[5]{243}}\right) =$

i) $\left(14\sqrt{2\sqrt[3]{125}} + 3\sqrt[4]{625}\right) : \sqrt[3]{7\left(3\sqrt{49} + 4\sqrt[3]{343}\right)} =$

160 Simplificar as seguintes expressões: (Dar a resposta com potência de base primo)

a) $\sqrt[23]{2 \cdot 4^3 \cdot (2 \cdot 8^4)^3} =$

b) $\sqrt{9^3 \cdot 27^4 \cdot 81^2} : \sqrt[5]{243^4 : \sqrt[3]{3^{15}}} =$

c) $\left(\sqrt[4]{5^8 \cdot 25^6} \cdot \sqrt[11]{25^5 \cdot 125^4}\right) : \sqrt[5]{125 \cdot 625^3} =$

d) $\sqrt[5]{(1024)^2} : \left(\sqrt[12]{(2 \cdot 16^2)^4} : \sqrt[6]{32 \cdot 2^7}\right) =$

e) $\sqrt[3]{512^2 \cdot \sqrt[5]{2^3 \cdot 64^2}} : \sqrt[7]{\sqrt[3]{4 \cdot 128^4} : 8} =$

f) $\sqrt[3]{\sqrt{81^4 \cdot 9^2} \cdot \sqrt[5]{243^8}} : \sqrt[10]{(27 \cdot 3^7)^2} =$

Resp: **152** a) 5; 6; 7 b) 3; 6; 2 c) 4; 8; 9 **153** a) 4; 8; 6; 5; 7 b) 8; 9; 11; 13; 12 c) 14; 2; 2; 3; 3 d) 2; 3; 7; 5; 2 e) 4; 6; 16; 17; 18 f) 19; 6; 2; 2; 2 **154** a) 1; 0; 1; 0; 10 b) 10; 10; 5; 50; 7 c) 70; 40; 60; 30; 80 d) 90; 100; 110; 120; 150 e) 140; 130; 180; 170; 160 f) 2; 20; 3; 30; 4 g) 40; 2; 20; 3; 30 **155** a) 2; 9; 3; 7 b) 4; 16; 64; 125 c) 49; 1024; 9; 216 **156** a) 2; 4; 6; 6; 3 b) 6; 6; 2; 2; 8 c) 4; 13; 17; 17; 23 d) 40; 40; 12; 6; 25 **157** a) 100; 64; 8; 125; 16 b) 16; 64; 64; 324; 121 c) 32; 128; 256; 512; 256 d) 256; 81; 625; 343; 216 e) 2; 3; 3; 5; 2 f) 4; 2; 3; 6; 5 g) 2; 2; 4; 2; 3 h) 6; 3; 3; 3; 3 i) 3; 7; 3; 2500; 2 j) 10; 2; 2; 576; 26 **158** a) 64 b) 1 c) 0 d) 3 e) 2 f) 6 g) 2 h) 4 i) 32 j) 343 k) 216 l) 243 m) 2 n) 4 o) 9 **159** a) 18 b) 20 c) 7 d) 2 f) 9 g) 10 h) 3 i) 10 **160** a) 2^2 b) 3^8 c) 5^4 d) 2^3 e) 2^6 f) 3^4

IV NÚMEROS DECIMAIS

1 – Introdução

É muito provável que o primeiro número que falaram, perto de um recém-nascido, tenha sido um número decimal

Exemplo: 3,256 kg e 0,547 m

Significando que o nenê nasceu com uma massa de 3,256 kg (ou 3256 g = 32, 56 hg = 325, 6 dag) e com altura de 0,547 m (ou 54,7 cm = 5,47 dm = 547 mm).

A unidade de massa no SI (sistema internacional) é o quilograma (kg). Se um nenê nasce com mais de 3 kg e com menos que 4 kg, divide-se 1 kg em 1000 partes, cada uma dessas partes será chamada um grama (um grama é a milésima parte de um quilograma: 1g = 0,00 1 kg), e contamos quantos gramas o nenê tem a mais que 3 kg e escrevemos que a massa dele, neste caso, é de

3 kg mais 256 milésimos de kg = 3 kg + 0,256 kg = 3,256 kg.

Como 3 kg = 3000 g, podemos escrever também:

3 kg mais 256g = 3000 g + 256 g = 3256 g

O que foi feito com a unidade de massa, também é feito com a unidade de comprimento.

Se dividirmos um metro (1m) em 10 partes, cada partes é chamada decímetro, e escrevemos 1 m = 10 dm.

Se dividirmos 1 m em 100 partes, cada parte é chamada centímetro, e escrevemos 1 m = 100 cm.

Se dividirmos 1 m em 1000 partes, cada parte é chamada milímetro, e escrevemos 1 m = 1000 mm.

No exemplo acima, o nenê nasceu com 547 mm que é 547 milésimos de 1 metro, isto é: 547 mm = 0,547 m = 54,7 cm.

O número 3,256 que representa o número de kg que o nenê tem de massa, é chamada **número decimal**.

Da mesma forma, também são números decimais os números que representam os números de metros e centímetros do comprimento (altura) do nenê: 0,547 e 54,7.

Chamamos de número decimal o número racional não inteiro representado com auxílio de uma vírgula para separar a parte inteira dos décimos, centésimos, milésimos, etc.

Há muitos outros exemplos de números decimais que a criança ouve muito antes de saber o verdadeiro significado deles.

Dentre eles, além dos que já vimos para expressar massa (kg) e comprimento (m) temos os para expressar:

Tempo: 1 min. 7,281 s para dar uma volta na pista de interlagos.

Temperatura: 38,7 °C é a temperatura de uma pessoa que está com febre.

No mercado: R$ 98,83 é o valor da compra feita no mercado.

Média: 8,75 é a média bimestral de matemática, de um aluno.

Na representação de um número decimal, colocamos à esquerda da vírgula a parte inteira do número:

unidades, dezenas, centenas, unidades de milhar, etc.

Colocamos à direita da vírgula a parte fracionária:

décimos, centésimos, milésimos, décimos de milésimo, etc.

| dezenas | unidade | , | décimos | centésimos | milésimos | décimos de milésimo |

Depois dos décimos de milésimos vem: centésimos de milésimo, milionésimo, décimos de milionésimo, centésimo de milionésimo, bilionésimos, etc.

2 – Leitura do número decimal

Exemplos:

1) 0,5 (cinco décimos),   0,05 (cinco centésimos),   0,005 (cinco milésimos)

2) 0,0005 (cinco décimos de milésimo)

3) 0,00008 (oito centésimos de milésimo)

4) 0,000008 (oito milionésimos)

6) 0,000000007 (sete bilionésimos)

7) 0,000000000006 (seis trilionésimos)

8) 1,34 (um inteiro, três décimos e quatro centésimos) ou (um inteiro e trinta e quatro centésimos) ou (cento e trinta e quatro centésimos). Os dois 1ºˢ são melhores.

9) 2,047 (dois inteiros, quatro centésimos e sete milésimos) ou (dois inteiros e quarenta e sete milésimos).

10) 3,125 (três inteiros, um décimo, dois centésimos e 5 milésimos) ou (três inteiros e cento e vinte e cinco milésimos).

161 Considere o número 738,5246 e completar com o algarismo correspondente.

a) _____ é o algarismo da ordem das unidades.

b) _____ é o algarismo da ordem dos décimos.

c) _____ é o algarismo da ordem das dezenas.

d) _____ é o algarismo da ordem dos centésimos.

e) _____ é o algarismo da ordem das centenas.

f) _____ é o algarismo da ordem dos milésimos.

g) _____ é o algarismo da ordem dos décimos de milésimo.

162 Escrever como se lê os seguintes números decimais.

a) 0,9

b) 0,04

c) 0,005

d) 0,0007

e) 0,000 08

f) 0,000 000 003

g) 0,000 002

163 Escrever como se lê os seguintes números decimais:

a) 2,14

b) 12,384

c) 7,056

d) 0,258

e) 0,0546

f) 0,25

g) 0,000 045

h) 0,0075

164 Escrever na forma de número decimal o número dado, nos casos:

a) Três décimos:

b) Cinco centésimos:

c) Dois milésimos:

d) Vinte e três centésimos:

e) sete milionésimos:

f) Um bilionésimo:

g) Cinquenta e sete milésimos:

h) Cinquenta e sete milionésimos:

i) Cento e trinta e cinco milésimos:

j) Cento e trinta e cinco décimos de milésimos:

k) 158 milésimos:

l) 237 centésimos:

m) 458 décimos de milionésimo:

n) 5746 centésimos de milionésimo:

o) 1568 milésimos:

p) 25897 centésimos:

165 Completar com < (menor), > (maior) ou = (igual), de modo que a sentença obtida seja verdadeira, nos casos:

a) 25,1 ___ 2,999	b) 5,67 ___ 5,68	c) 0,05 ___ 0,005
d) 2,56 ___ 2,560	e) 1,723 ___ 1,327	f) 5,001 ___ 5,0001
g) 0,052 ___ 0,0520	h) 0,072 ___ 0,27	i) 0,0030 ___ 0,003
j) 0,0452 ___ 0,0425	k) 0,000 01 ___ 0,0001	l) 0,0005 ___ 0,001

3 – Operações com números decimais

Multiplicação por 10, 100, 1000, ...

Deslocar a vírgula para a direita uma casa, duas casas, três casas,..., conforme o número for multiplicação, respectivamente, por 10, 100, 1000, etc.

Exemplos:

1) $2,37 \cdot 10 = 23,7$; $0,452 \cdot 100 = 45,2$; $0,03 \cdot 100 = 3$

2) $4,5 \cdot 100 = 450$; $10,03 \cdot 1000 = 10030$

Divisão por 10, 100, 1000, ...

Deslocar a vírgula para a esquerda uma casa, duas casas, três casas,..., conforme o número for dividido, respectivamente, por 10, 100, 1000, etc.

Exemplos:

1) $56,4 : 10 = 5,64$; $425,8 : 100 = 4,258$; $0,7 : 10 = 0,07$

2) $147,2 : 1000 = 0,1472$; $5,1 : 10\,000 = 0,00051$

Obs.: 1) A multiplicação de um número decimal por 10, 100,... pode dar um número inteiro:

$2,5 \cdot 10 = 25$; $1,43 \cdot 1000 = 1430$.

2) A divisão de um número inteiro por 10, 100, ... pode dar um número decimal:

$24 : 10 = 2,4$; $570 : 1000 = 0,570 = 0,57$

166 Determinar o produto das seguintes multiplicações:

a) 5,42 · 10 =	b) 0,234 · 100 =	c) 0,0048 · 1000 =
d) 0,035 · 10 =	e) 0,035 · 100 =	f) 0,035 · 1000 =
g) 27,5 · 10 =	h) 28,2 · 100 =	i) 0,25 · 100 =
j) 0,0123 · 1000 =	k) 0,045 · 10000 =	l) 0,0281 · 100 =

167 Determinar o resultado das seguintes divisões:

a) 17,5 : 10 =	b) 17,5 : 100 =	c) 75,8 : 1000 =
d) 0,6 : 10 =	e) 0,7 : 100 =	f) 0,7 : 1000 =
g) 1,8 : 10 =	h) 1,8 : 100 =	i) 1,8 : 1000 =
j) 74,1 : 10 =	k) 74,1 : 100 =	l) 74,1 : 1000 =

168 Obter o resultado das divisões:

a) 543 : 10 =	b) 543 : 100 =	c) 543 : 1000 =
b) 15 : 10 =	e) 15 : 100 =	f) 15 : 1000 =
g) 6 : 10 =	h) 6 : 100 =	i) 6 : 1000 =
j) 20 : 100 =	k) 20 : 10000 =	l) 1 : 1000 =

169 Determinar:

a) 45,21 · 10 =	b) 45,21 : 10 =	c) 0,75 · 10 =
d) 0,75 : 10 =	e) 1,231 · 100 =	f) 134,2 : 100 =
g) 2,1 · 100 =	h) 2,1 : 100 =	i) 3 · 10 =
j) 3 : 10 =	k) 1 · 10000 =	l) 1 : 10 000 =
m) 0,7 · 100 =	n) 0,7 : 100 =	o) 7 : 1 000 =

Resp: **161** a) 8 b) 5 c) 3 d) 2 e) 7 f) 4 g) 6 **162** a) nove décimos b) quatro centésimos c) cinco milésimos d) sete décimos de milésimos e) oito centésimos de milésimos f) três bilionésimos g) dois milionésimos **163** a) dois inteiros e quatorze centésimos b) doze inteiros e trezentos e oitenta e quatro milésimos c) sete inteiros e cinquenta e seis milésimos d) duzentos e cinquenta e oito milésimos e) quinhentos e quarenta e seis décimos de milésimos f) vinte e cinco centésimos g) quarenta e cinco milionésimos h) setenta e cinco décimos de milésimos **164** a) 0,3 b) 0,05 c) 0,002 d) 0,23 e) 0,000 007 f) 0,000 000 007 g) 0,057 h) 0,000 057 i) 0,000 135 j) 0,0135 k) 0,158 l) 2,37 m) 0,000 0458 n) 0,000 05746 o) 1,568 p) 258,97

170 Determinar o resultado e escrever como se lê o resultado, nos casos:

a) 0,03471 · 100 =

b) 347,8 : 1000 =

c) 0,000571 · 10000 =

d) 5 : 100 000 =

e) 0,000 07625 · 10 000 =

171 Determinar os números **a** e **b** e seguida comparar a com b, isto é, dizer se a < b, a = b ou a > b, nos casos:

a) a = 0, 002341 · 10000 =   , b = 2340 : 1000 =   , a ____ b

b) a = 280 : 10 000 =   , b = 0,0101 · 10 =   , a ____ b

c) a = 210 : 100 =   , b = 0,0021 · 1000 =   , a ____ b

d) a = 0,000371 · 10 000 =   , b = 37,2 : 100 =   , a ____ b

Adição

Para fazemos a adição de números decimais, somamos as ordens correspondentes, isto é, ... centenas com centenas, dezenas com dezenas, unidades com unidades, décimos com décimos, centésimos com centésimos,... Para isto basta "armarmos" o dipositivo, com vírgula embaixo de vírgula.

Exemplos:

1) 7,42 + 6,34

```
  7, 4 2
  6, 3 4
-------
 1 3, 7 6
```

2) 32,4 + 0,851

```
 3 2, 4
  0, 8 5 1
-----------
 3 3, 2 5 1
```

3) 0,96 + 1,895

```
  0, 9 6
  1, 8 9 5
-----------
  2, 8 5 5
```

Obs.: 1) Para o resultado manter a vírgula embaixo das outras.

2) Se não houver algarismo correspondendo a uma ordem diferente de zero em uma das parcelas, considerar zero.

3) Últimos algarismos iguais a zero, depois da vírgula, não são colocados na resposta.

172 Determinar o resultado da adição, nos casos:

a)
  5,64
  0,53
  ‾‾‾‾

b)
  0,746
  3,8
  ‾‾‾‾

c)
  1,742
  2,298
  ‾‾‾‾

d)
  21,3
  0,75
  ‾‾‾‾

173 Determinar as seguintes somas:

a)
  2,3451
  3,231
  0,43
  ‾‾‾‾

b)
  0,4
  0,44
  0,46
  ‾‾‾‾

c)
  0,006
  1,094
  2,9
  ‾‾‾‾

d)
  0,342
  0,345
  0,313
  ‾‾‾‾

174 Determinar as seguintes somas:

a) 2,435 + 4,785

b) 0,043 + 5,26

c) 2,48 + 1,37 + 1,15

Subtração

Para efetuarmos a subtração fazemos a diferença entre os algarismos de mesma ordem (minuendo menos subtraendo), isto é, dezenas menos dezenas, unidades menos unidades, décimos menos décimos, não esquecendo de "emprestar" quando o algarismo do minuendo for menor do que o do subtraendo.

Exemplos:

1) 4,75 − 1,43
$$\begin{array}{r}4,75\\-1,43\\\hline 3,32\end{array}$$

2) 4,47 − 0,28
$$\begin{array}{r}4,47\\-0,28\\\hline 4,19\end{array}$$

3) 2,8 − 0,37
$$\begin{array}{r}2,80\\-0,37\\\hline 2,43\end{array}$$

Resp: **165** a) > b) < c) > d) = e) > f) > g) = h) < i) = j) > k) < l) <
166 a) 54,2 b) 23,4 c) 4,8 d) 0,35 e) 3,5 f) 35 g) 275 h) 2830 i) 25 j) 12,3 k) 450 l) 2,81
167 a) 1,75 b) 0,175 c) 0,0758 d) 0,06 e) 0,007 f) 0,0007 g) 0,18 h) 0,018 i) 0,0018 j) 7,41 k) 0,741 l) 0,0741 **168** a) 54,3 b) 5,43 c) 0,543 d) 1,5 e) 0,15 f) 0,015 g) 0,6 h) 0,06 i) 0,006 j) 0,2 k) 0,002 l) 0,001 **169** a) 452,1 b) 4,521 c) 7,5 d) 0,075 e) 123,1 f) 1,342 g) 210 h) 0,021 i) 30 j) 0,3 k) 10 000 l) 0,0001 m) 70 n) 0,007 o) 0,007

175 Determinar os resultados das seguintes subtrações:

a)
```
  53,68
- 21,55
-------
```

b)
```
  4,542
- 2,36
-------
```

c)
```
  15,432
- 13,87
--------
```

d)
```
  3,5
- 1,78
------
```

e)
```
  7,048
- 3,17
-------
```

f)
```
  5,1
- 2,48
------
```

g)
```
  0,345
- 0,156
--------
```

h)
```
  5
- 1,23
------
```

176 Determinar as seguintes diferenças:

a) 10,789 − 7,563

b) 3,25 − 1,845

c) 2,1 − 0,098

d) 7 − 1,7

e) 5 − 0,23

f) 31,42 − 18,573

177 Determinar os resultados da operação, nos casos:

a) 2,3578 + 1,78

b) 1,346 − 0,9872

c) 2 − 0,743

178 Determinar os resultados das seguintes expressões:

a) (3,147 + 2,58) − (9,576 − 5,73)

b) (6,111 − 2,978) − (7,43 − 4,785)

c) (2,35 + 7,097 + 1,9) − (12, 005 − 8,8971)

Multiplicação

Para obtemos o produto da multiplicação de dois números decimais, multiplicamos estes números, como se fossem números naturais, e o resultado será o produto obtido, com o número de casas, depois da vírgula, igual à soma dos números de casas, depois da vírgula, dos fatores.

Depois do estudo de frações, as "regras" usadas nas operações com decimais serão justificadas.

Exemplos:

1) 2,35 × 2,7

```
   2, 3 5
   2, 7
  ──────
   1 6 4 5
   4 7 0
  ──────
   6, 3 4 5
```
$\boxed{2{,}35 \cdot 2{,}7 = 6{,}345}$

2) 6 2, 7 · 0,6

```
   6 2, 7
   0, 6
  ──────
   3 7,6 2
```
$\boxed{62{,}7 \cdot 0{,}6 = 37{,}62}$

Resp: **170** a) 3,471 (3 inteiros e 471 milésimos)   b) 0,3478 (3478 décimos de milésimos)   c) 5,71 (5 inteiros e 71 centésimos)
d) 0,00005 (5 centésimos de milésimo)   e) 0,7625 (7625 décimos de milésimo)   **171** a) 2,341; 2,340; >
b) 0,028; 0,101; <   c) 2,1; 2,1; =   d) 3,71; 0,372; >   **172** a) 6,17   b) 4,546   c) 4,040   d) 22,05
173 a) 6,0061   b) 1,30   c) 4,000   d) 1,000   **174** a) 7,220   b) 5,303   c) 5,00

179 Determinar os produtos das seguintes multiplicações:

a) 3,54 × 3,2

b) 0,148 × 0,7

c) 3,04 × 1,53

d) 127,5 · 0,38

e) 0,024 · 523,5

f) 425 · 0,048

180 Simplificar as seguintes expressões:

a) (1,75 × 7,4) − (14,2 × 0,25)

b) 3,145 · 0,18 − 0,135 · 0,048

Divisão do dois números naturais com resultado igual a decimal exato

Não esquecer de colocar uma vírgula na primeira vez em que o dividendo (original ou de uma nova etapa) for menor que o divisor e um zero for acrescentado (multiplicação por 10 ou 100, etc) para que a operação possa ser efetuda.

Exemplos:

1) $325 : 4$

```
3 2 5 | 4      3 2 5 | 4       3 2 5 | 4         3 2 5 | 4
  0     8      0 5    8 1      0 5    8 1,2      0 5    8 1,2 5
                        1             1 0               1 0
                                        2                 2 0
                                                            0
```

$325 : 4 = 81,25$

2) $1 : 4$

```
1 | 4        1 0 | 4         1 0 | 4
    0,           0,2         2 0   0,2 5
             2                       0
```

$1 : 4 = 0,25$

181 Efetuar as seguintes divisões:

a) $85 \div 4$

b) $151 \div 4$

c) $163 \div 25$

b) $5 : 8$

e) $11 : 8$

f) $1 : 8$

Divisão de um número decimal por um natural

Multiplicamos o dividendo pelo menor número 10, 100, 1000, ... de modo que o número obtido seja um número natural, fazemos a divisão e depois dividimos o quociente obtido pelo número que o dividendo foi multiplicado.

Exemplos:

1) $25,75 : 2 \Rightarrow 25,75 \cdot 100 = 2\,575$

```
2 5 7 5 | 2
0 5       1 2 8 7,5
  1 7
    1 5
      1 0
        0
```

$1287,5 : 100 = \boxed{12,875}$

2) $232,1 : 4 \Rightarrow 232,1 \cdot 10 = 2321$

```
2 3 2 1 | 4
3 2       5 8 0,2 5
0 1 0
    2 0
      0
```

$580,25 : 10 = \boxed{58,025}$

Resp: **175** a) 32,13 b) 2,182 c) 1,562 d) 1,72 e) 3,878 f) 2,62 g) 0,189 h) 3,77

176 a) 3,226 b) 1,405 c) 2,002 d) 5,3 e) 4,77 f) 12,847

177 a) 4,1378 b) 0,3588 c) 1,257 **178** a) 1,881 b) 0,488 c) 8,2391

182 Efetuar as seguintes divisões:

a) 18,72 : 5

b) 5994,8 : 7

c) 23,142 : 5

d) 24,5 : 8

e) 0,771 : 6

f) 2,87 : 28

Divisão de números decimais

1º modo: Multiplicamos os números por 10, 100, ..., ambos pelo mesmo número, para obter os menores números naturais possíveis, fazemos a divisão dos números obtidos, e o resultado obtido será o resultado da divisão.

Este procedimento significa igualar as casas depois da vírgula e cortá-las.

2º modo: Multiplicamos os números decimais por 10, 100, ..., ambos pelo menor deles que torna o divisor o menor número natural possível, caindo desta forma em caso conhecido.

Obs.: Quando os números tiverem o mesmo número de casas depois da vírgulas cortam-se as vírgulas e faz-se a divisão dos naturais obtidos:

Exemplo: 21,73 : 0,5

1º modo:
```
  2 1 7 3  | 50
    1 7 3    4 3, 4 6
      2 3 0
        3 0 0
            0
```
Resposta: 43,46

2º modo: 21,73 : 0,5 = 217,3 : 5
217,3 · 10 = 2173

```
  2 1 7 3  | 5
      1 7    4 3 4, 6
        2 3
          3 0
            0
```
434,6 : 10 = 43,46

183 Efetuar as seguintes divisões:

a) 5,49 : 0,2

b) 5,743 : 0,04

c) 2,673 : 0,5

d) 3,523 : 0,26

184 Efetuar

a) 0,861 : 0,007

b) 1,23 : 0,04

c) 32,5 : 0,8

185 Escrever o resultado de:

a) 36 : 9 =

b) 3,6 : 0,9 =

c) 0,36 : 0,09 =

d) 56 : 7 =

e) 5,6 : 0,7 =

f) 0,56 : 0,07 =

g) 0,35 : 0,07 =

h) 3,5 : 0,7 =

i) 0,042 : 0,006 =

j) 320 : 8 =

k) 32 : 0,8 =

l) 3,2 : 0,08 =

m) 24 : 0,8 =

n) 42 : 0,6 =

o) 30 : 0,05 =

p) 45 : 0,09 =

q) 630 : 0,7 =

r) 54 : 0,09 =

Resp: **179** a) 11,328 b) 0,1036 c) 4,6512 d) 48,45 e) 12,564 f) 20,4   **180** a) 9,4 b) 0,55962
181 a) 21,25 b) 37,75 c) 6,52 d) 0,625 e) 1,375 f) 0,125

186 Simplicar as seguintes expressões:

a) (4,123 : 0,2) + (9,153 : 0,06)

b) (22,47 : 1,4) − (1,023 : 0,6)

c) 0,0375 : 0,012 − 0,02208 : 0,08

d) 1,973 · 0,17 − 0,2173 : 0,8

Multiplicação por (0,1), (0,01), (0,001), ...

Multiplicar por 0,1 é igual a dividir por 10.

Multiplicar por 0,01 é igual a dividir por 100.

Multiplicar por 0,001 é igual a dividir por 1000.

E assim por diante.

Exemplos:

1) $25 \cdot 0,1 = 25 : 10 = 2,5$
2) $213,4 \cdot 0,01 = 213,4 : 100 = 2,134$

Divisão por (0,1), (0,01), (0,001), ...

Dividir por 0,1 é igual a multiplicar por 10.

Dividir por 0,01 é igual a multiplicar por 100.

Dividir por 0,001 é igual a multiplicar por 1000.

Após o estudo de frações, estas "regras" serão justificadas.

Exemplos:

1) $25 : 0,1 = 25 \cdot 10 = 250$
2) $3,1415 : 0,01 = 3,1415 \cdot 100 = 314,15$

187 Determinar o resultado dos seguintes multiplicação:

a) $36 \cdot 0,1 =$

b) $246 \cdot 0,01 =$

c) $123,4 \cdot 0,1 =$

d) $456,7 \cdot 0,01 =$

e) $1,34 \cdot 0,1 =$

f) $1,34 \cdot 0,01 =$

g) $0,71 \cdot 0,001 =$

h) $43 \cdot 0,0001 =$

i) $3 \cdot 0,001 =$

j) $5 \cdot 0,0001 =$

188 Determinar o resultado dos seguintes divisões:

a) $36 : 0,1 =$

b) $246 : (0,01) =$

c) $1,243 : 0,1 =$

d) $1,243 : 0,01 =$

e) $1,243 : 0,001 =$

f) $5,7 : 0,0001 =$

g) $6 : 0,0001 =$

h) $3 : 0,00001 =$

Resp: **182** a) 3,744 b) 856,4 c) 4,6284 d) 3,0625 e) 0,1285 f) 0,1025 **183** a) 27,45 b) 143,575 c) 5,346 d) 13,55 **184** a) 123 b) 30,75 c) 40,625 **185** a) 4 b) 4 c) 4 d) 8 e) 8 f) 8 g) 5 h) 5 i) 7 j) 40 k) 40 l) 40 m) 30 n) 70 o) 600 p) 500 q) 900 r) 600

189 Determinar:

a) 34,51 · 0,01 =

b) 34,51 : 0,01 =

c) 0,00314 : 0,001 =

d) 3147 · 0,001 =

e) 3,1 : 0,1 =

f) 5819 · 0,01 =

g) 13 · 0,001 =

h) 13 : 0,001 =

i) 2 · 0,0001 =

j) 2 : 0,0001 =

190 Determinar o resultado das seguintes expressões:

a) 143,6 · 0,01 + 0,12364 : 0,01

b) 1324,6 · 0,1 − 0,10423 : 0,001

c) (0,01225 : 0,01) · (0,08 : 0,1)

d) (435700 · 0,0001) · (0,012 : 0,01)

e) (0,0153 : 0,0001) : (800 · 0,01)

f) (15720 · 0,001) : (0,003 : 0,01)

191 Determinar:

a) Dona Nema gastou no mercado R$ 31,73 em frios e R$ 9,59 em azeitonas, quanto gastou no total

b) Nina gastou R$ 13,56 em uma doceria. Pagou com uma nota de 20 reais. Qual foi o t r o c o?

c) Cada grama de um certo ingrediente custa R$ 0,35. Quanto custam 25,8 gramas dele?

d) Dona Maria gastou R$ 36,45 em ingredientes, para fazer uma lasanha de 1 kg. Por quanto ela deve vender 4 destas lasanhas para ter um lucro de R$ 25,90 em cada uma?

e) Para fazer cada pizza Dona Lola gasta R$ 35,94. Se ela quer ter um lucro de R$ 75,45 na venda de 3 destas pizzas, por quanto ela deve vender cada uma?

f) Seu João vende cada pacote de macadâmia por R$ 21,50. Se ele obtém um lucro de R$ 9,40 na venda de cada pacote, qual o custo que ele tem para produzir 17 pacotes?

g) José Artesão vendeu 13 colares por R$ 162,50, tendo gasto de R$ 66,30 para produzi-los. Qual foi o lucro em cada peça?

h) Tia Cota comprou 15 caixas de creme de leite por R$ 4,98 cada uma, comprou 25 caixas de leite condensado por R$ 6,39 cada uma. Pagou com cartão de débito. Se ela tinha R$ 1943,68 na conta bancária, com quanto ela ficou?

Resp: **186** a) 154,6115 b) 14,345 c) 2,849 d) 0,063785 **187** a) 3,6 b) 2,46 c) 12,34 d) 4,567 e) 0,134
f) 0,0134 g) 0,00071 h) 0,0043 i) 0,003 j) 0,0005
188 a) 360 b) 24600 c) 12,43 d) 124,3 e) 1243 f) 57000 g) 60000 h) 300000

Exercícios Complementares

192 Resolver (Divisões de números naturais):

a) Numa divisão, o divisor é 7. Quais os possíveis valores do resto?

b) Numa divisão, o divisor é 12, o quociente é 5 e o resto é 7. Qual é o dividendo?

c) Numa divisão, o divisor é 18. o quociente é 12, e o resto é o maior possível. Qual é o dividendo?

d) Numa divisão em que o divisor é 6 e o quociente é 22, quais são os possíveis valores do dividendo?

e) Numa divisão, o dividendo é 547, o quociente é 45 e o resto é 7. Determine o divisor.

f) Numa divisão, o dividendo é 775, o quociente é 38 e o resto é 15. Qual é o divisor?

193 Resolver os seguintes problemas:

a) Lilian, Lúcia e Lara têm, juntas, R$ 275,00. Lilian tem R$ 15,00 a mais do que Lúcia; Lara possui R$ 20,00 mais que Lilian. Quanto tem cada uma das três meninas?

b) Distribui 70 figurinhas entre João, Pedro, Lucas Marcelo. Pedro ganhou uma figurinha a mais do que João. Lucas ganhou uma figurinha a mais do que Pedro. Finalmente Marcelo ganhou uma figurinha a mais do que Lucas. Quantas figurinhas cada um ganhou?

c) Distribua 71 balas entre três meninos de modo que o segundo recebe 8 balas a mais do que o primeiro e o terceiro 3 balas a mais que o primeiro.

f) Repartir 62 bolinhas de gude entre três meninos, de modo que o primeiro receba o dobro do que recebe o segundo, e o terceiro receba duas a mais do que recebe o segundo.

110

194 Simplificar a expressão, nos casos:

a) $6^2 + 2 \cdot \left[4^2 - 2 \cdot \left(\sqrt{64} - \sqrt{9} \cdot 3^0\right)\right] + 4^2 \cdot \sqrt{25} =$

b) $\left[75 - \left(\sqrt{9} \cdot 3 - 5^0\right)^2 + \left(\sqrt{81} + 2^4\right) : 5^2 - 1^5\right] : 11 =$

c) $14^2 - \left[2^4 + \sqrt{9} \cdot \left(5^2 \cdot \sqrt{4} - 7^2\right)\right] + \left(\sqrt{81} + \sqrt{64} - 7^0\right) : 2^4 =$

d) $\left\{2^5 - \left[5 + \left(3^2 + \sqrt{49} \cdot 3^0 + 1^4\right)\right]\right\} : 5 + 2^4 \cdot 3 - \left(5^2 \cdot \sqrt{16}\right) : \sqrt{4} =$

Resp: **189** a) 0,3451　b) 3451　c) 3,14　d) 3,147　e) 31　f) 58,19　g) 0,013　h) 13000　i) 0,0002　j) 20000

190 a) 13,8　b) 28,19　c) 9,8　d) 52,284　e) 19,125　f) 52,4　**191** a) R$ 41,32　b) R$ 6,44　c) R$ 9,03

d) R$ 249,40　e) R$ 61,09　f) R$ 205,70　g) R$ 7,40　h) R$ 1709,23

195 Simplificar as seguintes expressões:

a) $3 \cdot \sqrt{121} - \left\{\sqrt{4} \cdot 3^3 - \left[\sqrt{36} + \left(\sqrt{25} \cdot 2 - 2 \cdot \sqrt{16}\right) + 7^0\right] - 2^4\right\} + 9^2 + 1^3 =$

b) $\left[\left(10^2 \cdot 3^3\right) + 3^2 \cdot 7 + \left(7 \cdot 3 : \sqrt{9}\right) + 3^3 \cdot \left(\sqrt{64} \cdot 5 \cdot 2 - 2^5\right)\right] : 107 =$

c) $3^2 \cdot \sqrt{64} + \sqrt{25} \cdot \left[\left(2^2 \cdot 5^2\right) : \left(4 \cdot 5\right) + \left(345 - 7^2\right)^0 + \left(2^5 + 2\right)\right] : \sqrt{100} =$

d) $\left\{2^5 - \left[3 \cdot \sqrt{16} + \left(\sqrt{9} \cdot \sqrt{49} - \sqrt{16}\right)\right] + 7\right\} : \sqrt{25} + 2 \cdot \sqrt{81} - \left(2^6 - 5^2\right) : 13 =$

196 Simplificar a expressão, nos casos:

a) $\{[5^3 - (2^2 \cdot 21 + 2^2 \cdot \sqrt{100})] \cdot 2^2 \cdot \sqrt{25} + (5^2 \cdot 2^2 + 2^3 : 2^2)\} : 61 =$

b) $[120 : 2^2 + 5 \cdot 2 \cdot (11 - \sqrt{4} \cdot 2^2) - (2^4 + 2^2) : 2^2] : (5^2 - 2^2 \cdot 5) =$

197 Simplificar:

a) $(1,8 + 4,2) : (2,3 - 1,8) =$

b) $(2,38 : 0,7 + 8 \cdot 0,2) : 16 =$

c) $(2 \cdot 11 : 10 + 3,83) : 0,9 + 1,3 =$

d) $0,841 \cdot 4,3 - 0,147 : 0,4 =$

Resp: **192** a) 0, 1, 2, 3, 4, 5 ou 6   b) 67   c) 233   d) 132, 133, 134, 135, 136 ou 137   e) 12   f) 20

193 a) Lúcia: R$ 75,00, Lara: R$ 110,00, Lilian: R$ 90,00   b) João 16, Pedro 17, Lucas 18 e Marcelo 19

c) Primeiro 20, segundo 28 e terceiro 23.   d) Primeiro 30, segundo 15 e terceiro 17.

194 a) 128   b) 1   c) 178   d) 0

198 Simplificar

a) $2{,}431 : 0{,}8 - 0{,}58 \cdot 3{,}79 =$

b) $[(5{,}203 : 0{,}5) : 1{,}1] : 0{,}8 =$

199 Veja, no quadro, as ofertas do dia em um supermercado:

> – Leite em pó integral: de R$ 2,70 por R$ 2,20
>
> – Iogurte natural batido: de R$ 2,50 por R$ 2,09
>
> – Queijo Minas frescal: de R$ 3,80 por R$ 3,59

Se você comprar uma unidade de cada produto, quanto economizará?

200 Resolver

a) No cofrinho de Izabel há algumas moedas de R$ 1,00, 25 moedas de R$ 0,50 e 11 moedas de R$ 0,25, totalizando R$ 22,25. Quantas moedas de R$ 1,00 estão no cofre?

b) Uma pessoa comprou uma dúzia de enfeites. Pagou R$ 18,24 pela compra. Quanto custam 8 desses enfeites?

c) Uma empresa utiliza um índice de massa corporal inventado por ela própria, no qual divide por dois a soma entre altura e peso de cada um dos funcionários. Qual é o índice de massa corporal de Wormes, sabendo que sua altura é de 1,78m e seu peso é de 72,3 kg?

d) Em um feirão, Juarez aproveitou as promoções e comprou sete agendas, que custaram R$ 1,32 cada; 4 canetas, que custaram R$ 0,26 cada; e 45 lapiseiras a R$ 1,22 cada. Qual é o troco de Juarez, sabendo que ele levou apenas uma nota de R$ 100,00?

201 Escrevem-se os números naturais de 1 a 1000 em 4 colunas e 250 linhas, conforme a figura abaixo. Em que linha e em que coluna cairá o número 723?

1	2	3	4
5	6	7	8
9	10	11	12
13	14	15	16
17	18	19	20
....	....	....	....

202 (OBMEP) Sequência de figuras – As figuras △, ♣, ♦, ♠, ♡ e * são repetidas indefinidamente na sequência △, ♣, ♦, ♠, ♡, *, △, ♣, ♦, ♠, ♡, *, ...

a) Que figura aparecerá na 1000ª posição da sequência?

b) Em qual posição aparece o milésimo ♦ ?

203 (OBMEP) Na aula sobre divisão, a professora pediu que seus alunos colocassem números no lugar das estrelas. Quais são esses números?

a) $38 \mid \star$
   $\underline{4} \quad \star$

b) $75 \mid 12$
   $\underline{\star} \quad \star$

c) $\star \mid 3$
   $\underline{\star} \quad 7$

d) $42 \mid \star$
   $\star \quad 5$

204 (OBMEP) Ester vai a uma papelaria para comprar cadernos e canetas. Nessa papelaria, todos os cadernos custam R$ 6,00. Se ela comprar três cadernos, sobram R$ 4,00. Se, em vez disso, seu irmão lhe emprestar R$ 4,00 adicionais, ela conseguirá comprar dois cadernos e sete canetas, todas iguais.

a) Quanto custa cada caneta?

b) Se ela comprar dois cadernos e não pedir dinheiro emprestado, quantas canetas Ester poderá comprar?

205 (OBMEP) Os alunos de uma escola participaram de uma excursão, para a qual foram contratados dois ônibus. Quando os ônibus chegaram, 57 alunos entraram no primeiro ônibus e apenas 31 no segundo. Quantos alunos devem passar do primeiro para o segundo ônibus para que seja transportada a mesma quantidade de alunos nos dois ônibus?

a) 8   b) 13   c) 16   d) 26   e) 31

Resp: **195** a) 86   b) 38   c) 92   d) 17   **196** a) 2   b) 11   **197** a) 12   b) 0,3125   c) 8   d) 3,2488

206 (OBMEP) A soma de dois números naturais é 11. Qual é o maior produto possível que se pode obter com esses números?

a) 30   b) 22   c) 66   d) 24   e) 28

207 (OBMEP) Qual é o algarismo a em a000 + a998 + a999 = 22997?

208 (OBMEP) Setenta e quatro lápis foram embalados em 13 caixas. Se a capacidade máxima de cada caixa é de seis lápis, qual é o número mínimo de lápis que pode haver em uma caixa?

a) 1   b) 2   c) 3   d) 4   e) 6

209 Contas do papagaio – Antônio tem um papagaio que faz contas fantásticas com números inteiros. Quando Antônio sopra certos números em seu ouvido, o papagaio multiplica esse número por 5, depois soma 14, daí divide o resultado por 6 e, finalmente, subtrai 1, gritando o resultado em seguida. Entretanto, o papagaio não sabe nada sobre decimais, de modo que, às vezes, fica sem pode gritar resposta alguma.

a) Se Antônio soprar o número 8, qual número o papagaio gritará?

b) Se o papagaio gritou 3, qual foi o número que Antônio soprou em seu ouvido?

c) Porque o papagaio nunca grita o número 7?

210 (OBMEP) Rita deixou cair suco no seu caderno, borrando um sinal de operação (+, −, × ou ÷) e um algarismo em uma expressão que lá estava escrita. A expressão ficou assim:

Qual foi o algarismo borrado?

a) 2   b) 3   c) 4   d) 5   e) 28

211 (OBMEP) Um time ganha 3 pontos por vitória, 1 ponto por empate e nenhum ponto em caso de derrota. Até hoje cada time já disputou 20 jogos. Se um desses times venceu 8 jogos e perdeu outros 8 jogos, quantos pontos ele tem até agora?

a) 23　　　　b) 25　　　　c) 26　　　　d) 27　　　　e) 28

212 A turma do Carlos organizou uma rifa. O gráfico mostra quantos alunos compraram um mesmo número de bilhetes; por exemplo, sete alunos compraram três bilhetes cada um. Quantos bilhetes foram comprados?

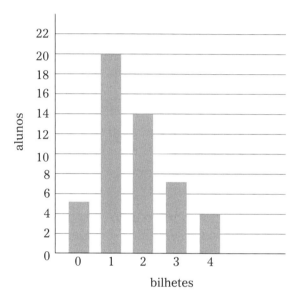

a) 56　　　　b) 68　　　　c) 71　　　　d) 89　　　　e) 100

213 (OBMEP) Na figura vemos três cartelas com quatro adesivos e seus respectivos preços. O preço de uma cartela é a soma dos preços de seus adesivos.

R$ 16,00　　R$ 12,00　　R$ 10,00

Qual é o preço da cartela abaixo com seis adesivos?

a) R$ 18,00　　b) R$ 20,00　　c) R$ 21,00　　d) R$ 22,00　　e) R$ 23,00

Resp: **198** a) 0,84055　　b) 11,825　　**199** Ao comprar uma unidade de cada produto, terei uma economia de R$ 1,12
200 a) Izabel têm em seu cofre 7 moedas de R$ 1,00　　b) 8 enfeites custam R$ 12,16
c) O índice de massa corporal de Wormes será de 37,04　　d) Juarez receberá de troco a quantia de R$ 34,82.
201 linha 184 e coluna 2　　**202** a) ♠　　b) 5997ª posição　　**203** a) ✹ = 17 ✤ = 2　　b) ✹ = 3 ✤ = 6
c) ✹ = 0 ✤ = 21 ou ✹ = 1 ✤ = 22 ou ✹ = 2 ✤ = 23　　d) ✹ = 2 ✤ = 8　　**204** a) R$ 2,00　　b) 5 canetas　　**205** b
206 a　　**207** a = 7　　**208** b　　**209** a) 8　　b) 2　　c) Antônio deveria soprar 6,8, mas o papagaio não sabia trabalhar com números decimais　　**210** b　　**211** e　　**212** d　　**213** e

ENEM

214 Um mecânico de uma equipe de corrida necessita que as seguintes medidas realizadas em um carro sejam obtidas em metros:

a) distância a entre os eixos dianteiro e traseiro;

b) altura b entre o solo e o encosto do piloto.

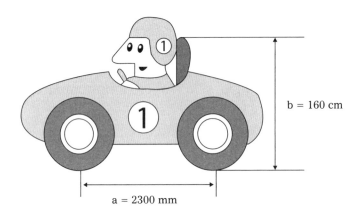

Ao optar pelas medidas a e b em metros, obtêm-se, respectivamente:

a) 0,23 e 0,16.   b) 2,3 e 1,6.   c) 23 e 16.   d) 230 e 160.   e) 2 300 e 1 600.

---

215 O medidor de energia elétrica de uma residência, conhecido por "relógio de luz", é constituído de quatro pequenos relógios, cujos sentidos de rotação estão indicados conforme a figura:

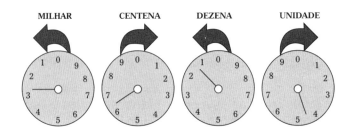

Disponível em: http:/www.enersul.com.br. Acesso em: 26 abr 2010.

A medida é expressa em kWh. O número obtido na leitura é composto por 4 algarismos. Cada posição do número é formada pelo último algarismo ultrapassado pelo ponteiro.

O número obtido pela leitura em kWh, na imagem, é

a) 2 614.   b) 3 624.   c) 2 715.   d) 3 725.   e) 4 162.

---

216 O dono de uma oficina mecânica precisa de um pistão das partes de um motor, de 68 mm de diâmetro, para o conserto de um carro. Para conseguir um, esse dono vai até um ferro velho e lá encontra pistões com diâmetros iguais a 68,21 mm; 68,102 mm; 68,001 mm; 68,02 mm e 68,012 mm.

Para colocar o pistão no motor que está sendo consertado, o dono da oficina terá de adquirir aquele que tenha o diâmetro mais próximo do que precisa. Nessa condição, o dono da oficina deverá comprar o pistão de diâmetro

a) 68,21 mm.   b) 68,102 mm.   c) 68,02 mm.   d) 68,012 mm.   e) 68,001 mm.

217 Em 2010, um caos aéreo afetou o continente europeu, devido à quantidade de fumaça expelida por um vulcão na Islândia, o que levou ao cancelamento de inúmeros voos. Cinco dias após o início desse caos, todo o espaço aéreo europeu acima de 6 000 metros estava liberado, com exceção do espaço aéreo da Finlândia. Lá, apenas voos internacionais acima de 31 mil pés estavam liberados.

Disponível em: http://www1.folha.uol.com.br. Acesso em: 21 abr. 2010(adaptado).

Considere que 1 metro equivale a aproximadamente 3,3 pés. Qual a diferença, em pés, entre as altitudes liberadas na Finlândia e no restante do continente europeu cinco dias após o início do caos?

a) 3 390 pés.   b) 9 390 pés.   c) 11 200 pés.   d) 19 800 pés.   e) 50 800 pés.

---

218 Café no Brasil

O consumo atingiu o maior nível da história no ano passado: os brasileiros beberam o equivalente a 331 bilhões de xícaras.

Veja, Ed. 2158, 31 mar. 2010.

Considere que a xícara citada na notícia seja equivalente a, aproximadamente, 120 mL de café. Suponha que em 2010 os brasileiros bebam ainda mais café, aumentando o consumo em $\frac{1}{5}$ do que foi consumido no ano anterior.

De acordo com essas informações, qual a previsão mais aproximada para o consumo de café em 2010?

a) 8 bilhões de litros.   b) 16 bilhões de litros.   c) 32 bilhões de litros.

d) 40 bilhões de litros.   e) 48 bilhões de litros.

---

219 Você pode adaptar atividades do seu dia a dia de uma forma que possa queimar mais calorias do que as gastas normalmente, conforme a relação seguinte:

- Enquanto você fala ao telefone, faça agachamentos: 100 calorias gastas em 20 minutos.
- Meia hora de supermercado: 100 calorias.
- Cuidar do jardim por 30 minutos: 200 calorias.
- Passear com o cachorro: 200 calorias em 30 minutos.
- Tirar o pó dos móveis: 150 calorias em 30 minutos.
- Lavar roupas por 30 minutos: 200 calorias.

Disponível em: http://cyberdiet.terra.com.br
Acesso em: 27 abr. 2010 (adaptado)

Uma pessoa deseja executar essas atividades, porém, ajustando o tempo para que, em cada uma, gaste igualmente 200 calorias.

A partir dos ajustes, quanto tempo a mais será necessário para realizar todas as atividades?

a) 50 minutos.   b) 60 minutos.   c) 80 minutos.

d) 120 minutos.   e) 170 minutos.

220 Observe as dicas para calcular a quantidade certa de alimentos e bebidas para as festas de fim de ano:

- Para o prato principal, estime 250 gramas de carne para cada pessoa.
- Um copo americano cheio de arroz rende o suficiente para quatro pessoas.
- Para a farofa, calcule quatro colheres de sopa por convidado.
- Uma garrafa de vinho serve seis pessoas.
- Uma garrafa de cerveja serve duas.
- Uma garrafa de espumante serve três convidados.

Quem organiza festas faz esses cálculos em cima do total de convidados, independente do gosto de cada um.

Quantidade certa de alimentos e bebidas evita o desperdício da ceia. **Jornal Hoje**, 17 dez. 2010 (adaptado).

Um anfitrião decidiu seguir essas dicas ao se preparar para receber 30 convidados para a ceia de Natal. Para seguir essas orientações à risca, o anfitrião deverá dispor de

a) 120 kg de carne, 7 copos americanos e meio de arroz, 120 colheres de sopa de farofa, 5 garrafas de vinho, 15 de cerveja e 10 de espumante.

b) 120 kg de carne, 7 copos americanos e meio de arroz, 120 colheres de sopa de farofa, 5 garrafas de vinho, 30 de cerveja e 10 de espumante.

c) 75 kg de carne, 7 copos americanos e meio de arroz, 120 colheres de sopa de farofa, 5 garrafas de vinho, 15 de cerveja e 10 de espumante.

d) 7,5 kg de carne, 7 copos americanos, 120 colheres de sopa de farofa, 5 garrafas de vinho, 30 de cerveja e 10 de espumante.

e) 7,5 kg de carne, 7 copos americanos e meio de arroz, 120 colheres de sopa de farofa, 5 garrafas de vinho, 15 de cerveja e 10 de espumante.

---

221 A tabela compara o consumo mensal, em kWh, dos consumidores residenciais e dos de baixa renda, antes e depois da redução da tarifa de energia no estado de Pernambuco.

Como fica a tarifa			
Residencial			
Consumo Mensal(kWh)	Antes	Depois	Economia
140	R$ 71,04	R$ 64,75	R$ 6,29
185	R$ 93,87	R$ 85,56	R$ 8,32
350	R$ 177,60	R$ 161,86	R$ 15,74
500	R$ 253,72	R$ 231,24	R$ 22,48
Baixa Renda			
Consumo Mensal(kWh)	Antes	Depois	Economia
30	R$ 3,80	R$ 3,35	R$ 0,45
65	R$ 11,50	R$ 10,04	R$ 1,49
80	R$ 14,84	R$ 12,90	R$ 1,94
100	R$ 19,31	R$ 16,73	R$ 2,59
140	R$ 32,72	R$ 28,20	R$ 4,53

Fonte: Celpe Diário de Pernambuco, 28 abr. 2010 (adaptado).

Considere dois consumidores: um que é de baixa renda e gastou 100 kWh e outro do tipo residencial que gastou 185 kWh. A diferença entre o gasto desses consumidores com 1 kWh, depois da redução da tarifa de energia, mais aproximada, é de

a) R$ 0,27.   b) R$ 0,29.   c) R$ 0,32.   d) R$ 0,34.   e) R$ 0,61.

222 O número mensal de passagens de uma determinada empresa aérea aumentou no ano passado nas seguintes condições: em janeiro foram vendidas 33 000 passagens; em fevereiro, 34 500; em março, 36 000. Esse padrão de crescimento se mantém para os meses subsequentes.

Quantas passagens foram vendidas por essa empresa em julho do ano passado?

a) 38 000　　　b) 40 500　　　c) 41 000　　　d) 42 000　　　e) 48 000

---

223 Muitas medidas podem ser tomadas em nossas casas visando à utilização racional de energia elétrica. Isso deve ser uma atitude diária de cidadania. Uma delas pode ser a redução do tempo no banho. Um chuveiro com potência de 4 800 W consome 4,8 kW por hora.

Uma pessoa que toma dois banhos diariamente, de 10 minutos cada, consumirá, em sete dias, quantos kW?

a) 0,8　　　b) 1,6　　　c) 5,6　　　d) 11,2　　　e) 33,6

---

224 Um técnico em refrigeração precisa revisar todos os pontos de saída de ar de um escritório com várias salas. Na imagem apresentada, cada ponto indicado por uma letra é a saída do ar, e os segmentos são as tubulações.

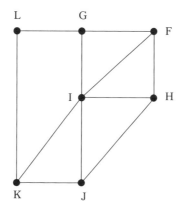

Iniciando a revisão pelo ponto K e terminando em F, sem passar mais de uma vez por cada ponto, o caminho será passando pelos pontos

a) K, I e F.　　　b) K, J, I, G, L e F.　　　c) K, L, G, I, J, H e F.

d) K, J, H, I, G, L e F.　　　e) K, L, G, I, H, J e F.

Resp: **214** B　　**215** A　　**216** E　　**217** C　　**218** E　　**219** B

225 Os hidrômeros são marcadores de consumo de água em residências e estabelecimentos comerciais. Existem vários modelos de mostradores de hidrômetros, sendo que alguns deles possuem uma combinação de um mostrador e dois relógios de ponteiro. O número formado pelos quatro primeiros algarismos do mostrador fornece o consumo em m³, e os dois últimos algarismos representam, respectivamente, as centenas e dezenas de litros de água consumidos. Um dos relógios de ponteiros indica a quantidade em litros, e o outro em décimos de litros, conforme ilustrados na figura a seguir.

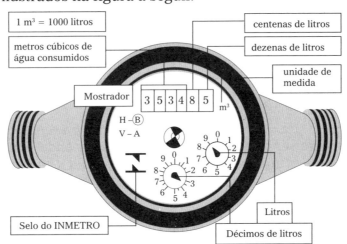

Disponível em: www.aguasdearacoiaba.com.br (adaptado).

Considerando as informações indicadas na figura, o consumo total de água registrado nesse hidrômetro, em litros, é igual a

a) 3 534,85.
b) 3 544,20.
c) 3 534 850,00.
d) 3 534 859,35.
e) 3 534 850,39.

---

226 Jogar baralho é uma atividade que estimula o raciocínio. Um jogo tradicional é a Paciência, que utiliza 52 cartas. Inicialmente são formadas sete colunas com as cartas. A primeira coluna tem uma carta, a segunda tem duas cartas, a terceira tem três cartas, a quarta tem quatro cartas, e assim sucessivamente até a sétima coluna, a qual tem sete cartas, e o que sobra forma o monte, que são as cartas não utilizadas nas colunas.

A quantidade de cartas que forma o monte é

a) 21. b) 24. c) 26. d) 28 e) 31.

---

227 Uma pesquisa realizada por estudantes da Faculdade de Estatística mostra, em horas por dia, como os jovens entre 12 e 18 anos gastam seu tempo, tanto durante a semana (de segunda-feira a sexta-feira), como no fim de semana (sábado e domingo). A seguinte tabela ilustra os resultados da pesquisa.

Rotina Juvenil	Durante a semana	No fim de semana
Assistir à televião	3	3
Atividades domésticas	1	1
Atividades escolares	5	1
Atividade de lazer	2	4
Descanso, higiene e alimentação	10	12
Outras atividades	3	3

De acordo com esta pesquisa, quantas horas de seu tempo gasta um jovem entre 12 e 18 anos, na semana inteira (de segunda-feira a domingo), nas atividades escolares?

a) 20 b) 21 c) 24 d) 25 e) 27

228 Nos **shopping centers** costumam existir parques com vários brinquedos e jogos. Os usuários colocam créditos em um cartão, que são descontados por cada período de tempo de uso dos jogos. Dependendo da pontuação da criança no jogo, ela recebe um certo número de tíquetes para trocar por produtos nas lojas dos parques.

Suponha que o período de uso de um briquedo em certo **shopping** custa R$ 3,00 e que uma bicicleta custa 9 200 tíquetes.

Para uma criança que recebe 20 tíquetes por período de tempo que joga, o valor, em reais, gasto com créditos para obter a quantidade de tíquetes para trocar pela bicicleta é

a) 153. b) 460. c) 1 218. d) 1 380. e) 3 066.

229 João decidiu contratar os serviços de uma empresa por telefone através do SAC (Serviço de Atendimento ao Consumidor). O atendente ditou para João o número de protocolo de atendimento da ligação e pediu que ele anotasse. Entretanto, João não entendeu um dos algarismos ditados pelo atendente e anotou o número 1 3 _ 9 8 2 0 7, sendo que o espaço vazio é o do algarismo que João não entendeu. De acordo com essas informações, a posição ocupada pelo algarismo que falta no número de protocolo é a de

a) centena. b) dezena de milhar. c) centena de milhar.
d) milhão. e) centena de milhão.

230 Uma mãe recorreu à bula para verificar a dosagem de um remédio que precisava dar a seu filho. Na bula, recomendava-se a seguinte dosagem: 5 gotas para cada 2 kg de massa corporal a cada 8 horas. Se a mãe ministrou corretamente 30 gotas do remédio a seu filho a cada 8 horas, então a massa corporal dele é de

a) 12 kg. b) 16 kg. c) 24 kg. d) 36 kg. e) 75 kg.

231 Num projeto da parte elétrica de um edifício residencial a ser construído, consta que as tomadas deverão ser colocadas a 0,20 m acima do piso, enquanto os interruptores de luz deverão ser colocados a 1,47 m acima do piso. Um cadeirante, potencial comprador de um apartamento desse edifício, ao ver tais medidas, alerta para o fato de que elas não contemplarão suas necessidades. Os referenciais de alturas (em metros) para atividades que não exigem o uso de força são mostrados na figura seguinte.

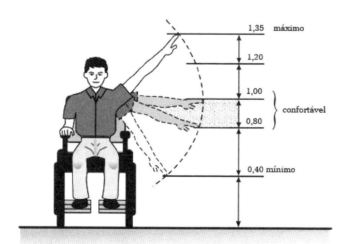

Uma proposta substitutiva, relativa às alturas de tomadas e interruptores, respectivamente, que atenderá àquele potencial comprador é

a) 0,20 m e 1,45 m. b) 0,20 m e 1,40 m. c) 0,25 m e 1,35 m.
d) 0,25 m e 1,30 m. e) 0,45 m e 1,20 m.

Resp: 220 E 221 B 222 D 223 D 224 C

232 Há, em virtude da demanda crescente de economia de água, equipamentos e utensílios como, por exemplo, as bacias sanitárias ecológicas, que utilizam 6 litros de água por descarga em vez dos 15 litros utilizados por bacias sanitárias não ecológicas, conforme dados da Associação Brasileira de Normas Técnicas (ABNT).

Qual será a economia diária de água obtida por meio da substituição de uma bacia sanitária não ecológica, que gasta cerca de 60 litros por dia com a descarga, por uma bacia sanitária ecológica?

a) 24 litros   b) 36 litros   c) 40 litros   d) 42 litros   e) 50 litros

233 Para o reflorestamento de uma área, deve-se cercar totalmente, com tela, os lados de um terreno, exceto o lado margeado pelo rio, conforme a figura. Cada rolo de tela que será comprado para confecção da cerca contém 48 metros de comprimento.

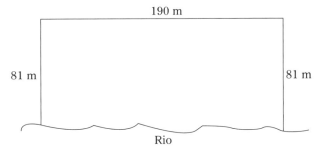

A quantidade mínima de rolos que deve ser comprada para cercar esse terreno é

a) 6.   b) 7.   c) 8.   d) 11.   e) 12.

234 Uma torneira não foi fechada corretamente e ficou pingando, da meia-noite às seis horas da manhã, com a frequência de uma gota a cada três segundos. Sabe-se que cada gota d'agua tem volume de 0,2 mL

Qual foi o valor mais aproximado do total de água desperdiçada nesse período, em litros?

a) 0,2   b) 1,2   c) 1,4   d) 12,9   e) 64,8

235 Nos Estados Unidos a unidade de medida de volume mais utilizada em l atas de refrigerante é a onça fluida (floz), que equivale a aproximadamente 2,95 centilitros (cL).

Sabe-se que o centilitro é a centésima parte do litro e que a lata de refrigerante usualmente comercializada no Brasil tem capacidade de 355 mL.

Assim, a medida do volume da lata de refrigerante de 355 mL, em onça fluida (fl oz), é mais próxima de

a) 0,83.   b) 1,20.   c) 12,03.   d) 104,73.   e) 120,34.

236 Um **show** especial de Natal teve 45 000 ingressos vendidos. Esse evento ocorrerá em um estádio de futebol que disponibilizará 5 portões de entrada, com 4 catracas eletrônicas por portão. Em cada uma dessas catracas, passará uma única pessoa a cada 2 segundos. O público foi igualmente dividido pela quantidade de portões e catracas, indicados no ingresso para o **show**, para a efetiva entrada no estádio. Suponha que todos aqueles que compraram ingressos irão ao **show** e que todos passarão pelos portões e catracas eletrônicas indicados.

Qual é o tempo mínimo para que todos passem pelas catracas?

a) 1 hora.   b) 1 hora e 15 minutos.   c) 5 horas.
d) 6 horas.   e) 6 horas e 15 minutos.

237 Um executivo sempre viaja entre as cidades A e B, que estão localizadas em fusos horários distintos. O tempo de duração da viagem de avião entre as duas cidades é de 6 horas. Ele sempre pega um voo que sai de A às 15h e chega à cidade B às 18h (respectivos horários locais).

Certo dia, ao chegar à cidade B, soube que precisava estar de volta à cidade A, no máximo, até as 13h do dia seguinte (horário local de A).

Para que o executivo chegue à cidade A no horário correto e admitindo que não haja atrasos, ele deve pegar um voo saindo da cidade B, em horário local de B, no máximo à(s)

a) 16h. b) 10h. c) 7h. d) 4h. e) 1h.

---

238 Os incas desenvolveram uma maneira de registrar quantidades e representar números utilizando um sistema de numeração decimal posicional: um conjunto de cordas com nós denominado **quipus**. O **quipus** era feito de uma corda matriz, ou principal (mais grossa que as demais), na qual eram penduradas outras cordas, mais finas, de diferentes tamanhos e cores (cordas pendentes). De acordo com a sua posição, os nós significavam unidades, dezenas, centenas e milhares. Na Figura 1, o **quipus** representa o número decimal 2 453. Para representar o "zero" em qualquer posição, não se coloca nenhum nó.

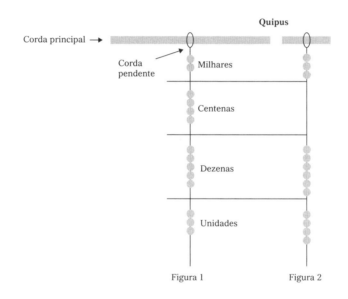

Disponível em: www.culturaperuana.com.br. Acesso em: 13 dez. 2012.

O número da representação do quipus da Figura 2, em base decimal, é

a) 364. b) 463. c) 3 064. d) 3 640. e) 4 603

---

239 A maior piscina do mundo, registrada no livro Guiness, está localizada no Chile, em San Alfonso del Mar, cobrindo um terreno de 8 hectares de área.

Sabe-se que 1 hectare corresponde a 1 hectômetro quadrado.

Qual é o valor, em metros quadrados, da área coberta pelo terreno da piscina?

a) 8 b) 80 c) 800 d) 8 000 e) 80 000

Resp: 225 D 226 B 227 E 228 D 229 C 230 A 231 E

240 Durante uma epidemia de uma gripe viral, o secretário de saúde de um município comprou 16 galões de álcool em gel, com 4 litros de capacidade cada um, para distribuir igualmente em recipientes para 10 escolas públicas do município. O fornecedor dispõe à venda diversos tipos de recipientes, com suas respectivas capacidades listadas:

- Recipiente I: 0,125 litro
- Recipiente II: 0,250 litro
- Recipiente III: 0,320 litro
- Recipiente IV: 0,500 litro
- Recipiente V: 0,800 litro

O secretário de saúde comprará recipientes de um mesmo tipo, de modo a instalar 20 deles em cada escola, abastecidos com álcool em gel na sua capacidade máxima, de forma a utilizar todo o gel dos galões de uma só vez.

Que tipo de recipiente o secretário de saúde deve comprar?

a) I b) II c) III d) IV e) V

241 Uma carga de 100 contêineres, idênticos ao modelo apresentado na Figura 1, deverá ser descarregada no porto de uma cidade. Para isso, uma área retangular de 10 m por 32 m foi cedida para o empilhamento desses contêineres (Figura 2).

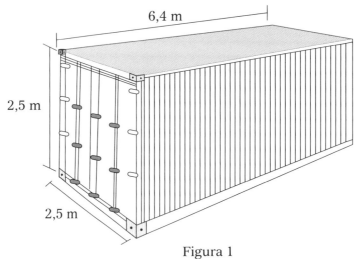

Figura 1

Figura 2

De acordo com as normas desse porto, os contêineres deverão ser empilhados de forma a não sobrarem espaços nem ultrapassarem a área delimitada.

Após o empilhamento total da carga e atendendo à norma do porto, a altura mínima a ser atingida por essa pilha de contêineres é

a) 12,5 m. b) 17,5 m. c) 25,0 m. d) 22,5 m. e) 32,5 m.

242 Um arquiteto está reformando uma casa. De modo a contribuir com o meio ambiente, decide reaproveitar tábuas de madeira retiradas da casa. Ele dispõe de 40 tábuas de 540 cm, 30 de 810 cm e 10 de 1 080 cm, todas de mesma largura e espessura. Ele pediu a um carpinteiro que cortasse as tábuas em pedaços de mesmo comprimento, sem deixar sobras, e de modo que as novas peças ficassem com o maior tamanho possível, mas de comprimento menor que 2 m.

Atendendo o pedido do arquiteto, o carpinteiro deverá produzir

a) 105 peças. b) 120 peças. c) 210 peças. d) 243 peças. e) 420 peças.

243 A insulina é utilizada no tratamento de pacientes com diabetes para o controle glicêmico. Para facilitar sua aplicação, foi desenvolvida uma "caneta" na qual pode ser inserido um refil contendo 3 mL de insulina, como mostra a imagem.

Para controle das aplicações, definiu-se a unidade de insulina como 0,01 mL. Antes de cada aplicação, é necessário descartar 2 unidades de insulina, de forma a retirar possíveis bolhas de ar.
A um paciente foram prescritas duas aplicações diárias: 10 unidades de insulina pela manhã e 10 à noite.

Qual o número máximo de aplicações por refil que o paciente poderá utilizar com a dosagem prescrita?

a) 25 b) 15 c) 13 d) 12 e) 8

244 O gerente de um cinema fornece anualmente ingressos gratuitos para escolas. Este ano serão distribuídos 400 ingressos para uma sessão vespertina e 320 ingressos para uma sessão noturna de um mesmo filme. Várias escolas podem ser escolhidas para receberem ingressos. Há alguns critérios para a distribuição dos ingressos:

1) cada escola deverá receber ingressos para uma única sessão;
2) todas as escolas contempladas deverão receber o mesmo número de ingressos;
3) não haverá sobra de ingressos (ou seja, todos os ingressos serão distribuídos).

O número mínimo de escolas que podem ser escolhidas para obter ingressos, segundo os critérios estabelecidos, é

a) 2. b) 4. c) 9. d) 40. e) 80.

245 Deseja-se comprar lentes para óculos. As lentes devem ter espessuras mais próximas possíveis da medida 3 mm.

No estoque de uma loja, há lentes de espessuras: 3,10 mm; 3,021 mm; 2,96 mm; 2,099 mm e 3,07 mm.

Se as lentes forem adquiridas nessa loja, a espessura escolhida será, em milímetros, de

a) 2,099. b) 2,96. c) 3,021. d) 3,07. e) 3,10.

Resp: 232 B 233 C 234 C 235 C 236 B 237 D 238 C 239 E

246 Alguns exames médicos requerem uma ingestão de água maior do que a habitual. Por recomendação médica, antes do horário do exame, uma paciente deveria ingerir 1 copo de água de 150 mililitros a cada meia hora, durante as 10 horas que antecederiam um exame. A paciente foi a um supermercado comprar água e verificou que havia garrafas dos seguintes tipos:

Garrafa I: 0,15 litro
Garrafa II: 0,30 litro
Garrafa III: 0,75 litro
Garrafa IV: 1,50 litro
Garrafa V: 3,00 litros

A paciente decidiu comprar duas garrafas do mesmo tipo, procurando atender à recomendação médica e, ainda, de modo a consumir todo o líquido das duas garrafas antes do exame.

Qual o tipo de garrafa escolhida pela paciente?

a) I b) II c) III d) IV e) V

---

247 Para economizar em suas contas mensais de água, uma família de 10 pessoas deseja construir um reservatório para armazenar a água captada das chuvas, que tenha capacidade suficiente para abastecer a família por 20 dias.

Cada pessoa da família consome, diariamente, $0,08$ m³ de água.
Para que os objetivos da família sejam atingidos, a capacidade mínima, em litros, do reservatório a ser construído deve ser

a) 16. b) 800. c) 1 600. d) 8 000. e) 16 000.

---

248 No contexto da matemática recreativa, utilizando diversos materiais didáticos para motivar seus alunos, uma professora organizou um jogo com um tipo de baralho modificado. No início do jogo, vira-se uma carta do baralho na mesa e cada jogador recebe em mãos nove cartas. Deseja-se formar pares de cartas, sendo a primeira carta a da mesa e a segunda, uma carta na mão do jogador, que tenha um valor equivalente àquele descrito na carta da mesa. O objetivo do jogo é verificar qual jogador consegue o maior número de pares. Iniciado o jogo, a carta virada na mesa e as cartas da mão de um jogador são como no esquema:

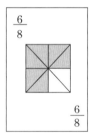

Carta da mesa

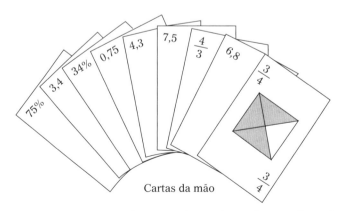

Cartas da mão

Segundo as regras do jogo, quantas cartas da mão desse jogador podem formar um par com a carta da mesa?

a) 9 b) 7 c) 5 d) 4 e) 3

249 Uma pesquisa de mercado foi realizada entre os consumidores das classes sociais A, B, C e D que costumam participar de promoções tipo sorteio ou concurso. Os dados comparativos, expressos no gráfico, revelam a participação desses consumidores em cinco categorias: via Correios (juntando embalagens ou recortando códigos de barra), via internet (cadastrando-se no site da empresa/marca promotora), via mídias sociais (redes sociais), via SMS (mensagem por celular) ou via rádio/Tv.

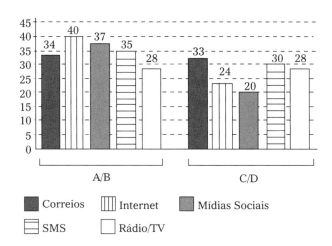

Uma empresa vai lançar uma promoção utilizando apenas uma categoria nas classes A e B (A/B) e uma categoria nas classes C e D (C/D).

De acordo com o resultado da pesquisa, para atingir o maior número de consumidores das classes A/B e C/D, a empresa deve realizar a promoção, respectivamente, via

a) Correios e SMS.

b) internet e Correios.

c) internet e internet.

d) internet e mídias sociais.

e) rádio/TV e rádio/TV.

Resp: **246** D   **247** E   **248** E   **249** B